후기 자본주의 파시즘

후기 자본주의 파시즘

미켈 볼트 라스무센 지음
김시원 옮김

한울
아카데미

차례

옮긴이의 글

파시즘이란 용어는 1930~1940년대의 독재자였던 히틀러
나 무솔리니를 떠올리게 만든다. 한국에서는 1970~1980년
대에 '군사팟쇼독재'라는 말이 사용되던 과거가 있다. 그만큼
파시즘이란 20세기에 지나가버린 용어처럼 들릴 수도 있지만,
최근 몇 십 년의 유럽과 미국의 정치적·사회적 상태를 일컫는
말로 다시 등장하고 있다.

오늘날의 파시즘은 1930년대 전후의 파시즘과는 명백히 다
르다. 여전히 "폭력적인 국수주의의 모습을 띄며, 그 목표가
외국인을 배제함으로써 사적 소유구조에 대한 어떤 공격도 막
아내려고 한다"는 점에서는 유사하나, 그 형태와 꾸며내는 신
화는 현재의 후기 자본주의에 맞추어 달라진 모습으로 나타나
고 있다. 그러기에 과거의 파시스트들을 기준으로 현재의 파
시즘적인 경향을 비교할 수는 없다. 요즈음 파시즘의 재등장
을 논의하는 책들은 전형적으로 정치적인 측면을 설명하고 분

석하지만 이 책은 약간 다른 접근법을 취한다. "파시즘을 지난 50년간의 정치경제사의 맥락에 넣고 파시즘이란 관념을 확장시킴으로써" 그 일차적인 정치적 초점에서 벗어나게 한다. 그리고 파시즘과 자본주의의 축적의 관계를 강조한다.

20세기 초의 파시즘은 심각한 경제위기를 맞아 "열등한 인종"을 배제함으로써 사유재산을 안전하게 지킬 수 있다고 선전했다. 그렇게 자본주의 산업화의 소외와 착취의 원인을 외부로 돌려버렸는데, 국민의 다수가 그것을 받아들였다. 21세기에 들어선 오늘날도 비슷한 일이 일어나고 있다. 2008년 금융위기는 전 지구적으로 재구성된 자본에 큰 타격을 가하고 그 이전 40년 정도 숨어 있던 문제들을 드러나게 만들었지만, 각국 정부들은 우파든 좌파든 그 문제를 해결할 의지도 능력도 없었고, 시장 주도와 사적 소유구조의 신자유주의 경제 논리만을 계속 따라왔다. 그렇게 미봉책으로 끌어온 결과, 경제 성장 지속이나 유지는커녕 보통 사람들의 삶이 파탄이 나는 데까지 이르렀다. 이것이 경제위기의 원인을 세상의 소수자들, 특히 주로 전쟁난민이나 기후난민 탓으로 돌려버리면서, 좋았던 과거를 되돌릴 수 있다고 말하는 지금의 파시스트들에게 보통사람들이 동조하는 배경이고, 이것이 파시스트들이 다시 설자리를 만들어준다.

이 흐름의 대표적인 인물이 미국의 전직 대통령이자 2024년 미국대선 후보인 도널드 트럼프라고 말하는 저자는 그가 어째서, 어떻게 그런지, 그럴 수 있게 되었는지, 그리고 미국뿐 아니라 전 세계의 기존 정치권이 좌파든 우파든 그런 상황을 어떻게 조성해 왔는지를 세세히 이해하기 쉽게 설명해 준다. 후기 자본주의의 파시즘이 누적된 경제위기를 배경으로 한 정치적 현상처럼 보이지만, 디지털 테크놀로지를 통해서 정치적 현상을 넘어선 문화적 논리나 애정 비슷한 것이 되어버렸다. "주류 언론에서 벗어난 웹사이트와 소셜 미디어 안에서 뭉쳤다가 사라짐을 반복하는 사회적 불만, 차별적 발언, 거짓 진실, 어리석은 유행"이 디지털 테크놀로지를 통해서 쉽게 퍼지는 세상이 되었다. 즉흥적인 트럼프가 특히 이 온라인 통로를 아주 잘 이용하고 그런 현상을 잘 조장한다. 그런 그를 지지함이 일종의 문화적인 현상처럼 되어버렸다. 소셜 미디어가 지금의 후기 자본주의 시대의 파시즘을 위한 비옥한 환경을 조성한다는 이 책의 주장은 소위 IT 강국이라고 스스로 자랑하는 우리에게도 먼 이야기는 아닐 수 있다.

또한 모든 것이 정체성으로 환원되는 오늘날 소셜 미디어는 거짓 정체성의 온상이다. "계급도 정체성"인데, 계급의 구성요소가 소셜 미디어 안에서 분해되고 있다. 이미 "백인 노동계급은 제2차 세계대전 후 사회국가에서 생산성의 급증에 따라 그 일상생활이 향상되었고, 옛 계급구조는 사라진 것처럼 보이게 되었다". 그것이 "자본주의의 혁명"이라고 일컬어지는 것으로 내면화되었고, 소비하고 싶은 갈망이 개인의 새로운 삶의 양식을 지배하게 되었지만, 2008년 금융위기를 분기점으로 그 갈망이 현실의 한계에 부딪쳤다. 그래서 "개인들의 갈망과 욕망이 파편화되고, 사회적으로 공동체적으로 하나의 통합적인 방식으로 대표될 수 없게 되었을 때 국수주의적 범주와 정서 그리고 파시즘의 정서가 강화된다"고 이 책은 말한다. 그런데 그것이 지금 전 세계적으로 뿐 아니라 우리의 현실일 수도 있다. 최근 유럽과 미국의 정치적 현실과 경제적 현실이 먼 나라의 일이 아니라 바로 우리도 이미 겪고 있고, 또는 코앞까지 온 문제일 수도 있다. 보통 사람의 삶이 더욱 더 팍팍해지는 현실 속에서 더구나 이제 어디에서나 흔히 마주치는 이주 노동자를 보는 우리의 시선에 인종차별적인 요소가 전혀 없다고 자신 있게 말할 수 없음을 깨닫지 못한다면, 한나 아렌트가 말해준 "평범한 악"에 우리도 이미 물들어가면서 잠재적 파시즘에게 문을 열어주고 있을 수도 있다.

한 마디로, 이 책은 후기 자본주의의 위기가 파시즘의 재발흥의 토대가 되고 있으며, 파시즘이란 정당과 그 지도자의 문제만이 아니라 살아지고 있는 현실과 그 속에서 전개되어 있지만 우리가 보고 싶어 하지 않는 어떤 과정에 관한 것이라고 말한다. 그러나 우리 모두 이런 사태와 무관하지 않고 뭔가를 해야 한다는 윤리적 메시지를 말하는 책은 아니다. 그저 차분히 설명하고 분석해 준다. 오히려 그래서 아, 이렇게 계속 가면 정말 안 되겠다고 느끼게 만든다. 이 세상과 사회가 지금처럼 계속 갈 수 없다고 생각하거나 지금처럼 계속 되어서는 안 된다고 생각하는 사람이라면, 이 책을 통해 자신의 생각에 확신을 얻고 그래서 어떻게 해야 할지를 궁구하는 계기를 얻을 수 있을 것이다.

사족으로, nationalism을 민족주의가 아니라 내셔널리즘으로 음독했다. 일제 강점기를 거친 지 80년이 되어가지만, 우리에게 민족주의란 민족자결주의의 의미를 품은 것으로 은연중 생각될 수 있기 때문이다. 그러나 이 책에서 그 용어는 순수한 한 민족으로 이루어진 국가라는 "상상의 유기체적 공동체를 재건하려는" 망상을 가능하게 하는 발상을 표현한다.

2024년 10월
김시원

감사의 말

J. M. 번스타인Bernstein, 제임스 데이James Day,

카스텐 줄Carsten Juhl, 에스더 레슬리Esther Leslie,

진 레이Gene Ray, 도미니크 루티에Dominique Routhier,

카타리나 스텐벡Katarina Stenbeck, 마르첼로 타리Marcello Tari

에게 고맙다. 로랑 드 수터Laurent de Sutter와

존 톰슨John Thomson에게도 감사한 마음이다.

"

응답 없음이라는 간단한 사실이 거짓에 전적으로 새로운 성질을 주었다.
한 순간에 거의 모든 곳에서 진리가 존재함을 멈추어버렸고,
아니면 기껏해야 순수한 가설의 지위로 환원되어 버려서
그 존재함을 결코 과시할 수 없게 되었다.

"

기 드보르Guy Debord

"

파시즘의 궁극적인 목표는 모든 혁명적 의식의 완전한 파괴다.

"

조지 잭슨George Jackson

서론

2020년 11월 대선에서 트럼프가 패배하자 전 세계의 많은 논평자와 사람들이 안도의 한숨을 쉬었다. 그의 임기 마지막 몇 달 동안 점점 더 많은 정치인, 평론가, 지식인들은 트럼프가 실제로 파시스트인지를 물을 수밖에 없었다. ≪뉴욕 서평집New York Review of Books≫과 ≪새로운 정치인New Statesman≫ 같은 잡지에서 학자들은 역사적 유비들의 적절성을 논쟁해 가며 트럼프를 무솔리니나 히틀러 같은 양차대전 사이의 파시스트 지도자들과 비교했다.

2020년의 사건들, 가령 포틀랜드에서의 준군사병력 고용, 경찰 폭력에 대항하는 시위자 납치, 우익 자경단에게 코로나19 봉쇄에 대항하라는 트럼프의 선동, 2021년 1월 초의 괴상한 국회의사당 난입 사건뿐 아니라 아프리카계 미국인, 원주민, 라틴계 인구를 강타한 코로나19 전염병을 인종차별적인 동기로 잘못 대처함이 파시즘이라는 유령을 불러왔다. 주 당국의 반대를 무시하고 거리와 국경 순찰에 자경단을 배치한 것은 마치 1930년대 파시즘 운동에 체크할 특징을 하나 더 추가하듯이 트럼프는 파시스트 체크리스트 항목을 점점 더 많이 채워갔다.

이 책은 우리가 우리 시대의 정치인과 현상을 1930년대 파시스트 정치인과 그들이 한 일을 항상 비교하는 체크리스트를 버릴 필요가 있다고 주장하려고 한다. 오늘날의 파시즘이 양차대전 사이의 '파시즘의 시대'와 꼭 일치하지는 않을 것이다.[1] 그 체크리스트가 사실은 현대의 파시즘을 분석하고 그에 맞서 싸우는 것을 방해한다. 우리는 위기에 처한 현행 자본주의사회에서 기능하고 있는 파시즘적 경향들을 고려하면서, 두 번의 세계대전 사이의 파시즘에 초점을 맞춘 유럽중심적인 협소한 시각을 벗어나 파시즘을 역사화하고 분석해야 한다. 오늘날에는 파시즘이 명백히 다르다. 파시즘은 여전히 폭력적인 국수주의ultra-nationalism이며, 그 목표는 외국인을 배제함으로써 사적 소유 구조에 대한 어떤 공격도 막아내는 데 있으나 파시즘의 형태, 신화, 그리고 시간성temporality은 변화되었고 (내가 후기 자본주의late capitalism라고 부르는) 다른 역사적 상황[2]에 적응했다. 파시즘을 연구하는 역사학자 로버트 팩스턴

Robert Paxton이 쓴 것처럼, 우리가 맞닥뜨린 것은 "최신판으로 개정된 파시즘", 즉 파시즘의 "기능적인 동등함"이지 "정확한 반복"은 아니다.3 우리가 레니 리펜슈탈Leni Riefenstahl의 영화를 보고 아는 대중정치, 즉 잭부츠jackboots, 지그 하일Sieg Heil 경례,ⓐ 밀라노 대성당 앞에 서서 군중에게 연설하는 무솔리니를 다루려는 것이 아니다. 오늘날 파시즘은 그와 다르며, 나치 상징인 스와스티카卍swastika와 지그 하일 경례는 MAGA 모자,ⓑ 개구리 페페ⓒ의 밈, 보트 퍼레이드, 또는 공립학교에서의 의무적인 돼지고기 배식으로 대체되었다. 우리에게는 나치의 절멸수용소가 없다. 그 대신 이주민수용소가 있고, 간수가 수감자를 죽이고 수감자의 굴욕적인 사진을 찍는 감옥이 있다. 현대의 발전들을 1922~1945년과 비교하기를 멈추지 않는 한, 우리는 현대의 파시즘에 저항하기는커녕 분석할 수조차 없을 것이다. 정치범이자 흑인 혁명가인 조지 잭슨 George Jackson이 썼듯이 "파시즘에 대한 최종 정의는 아직 진행 중이다".4

ⓐ 나치군이 신었던 긴 장화와 나치가 사용한 경례 구호.
ⓑ 트럼프가 2016 대선에서 사용한 슬로건 '미국을 다시 위대하게 만들자(Make America Great Again)'의 약자인 MAGA를 새긴 빨간 색 모자
ⓒ 2000년대 초에 인터넷에서 여러 가지 표정이 밈이 된 카툰 캐릭터. 2016년 미국 대선 동안 백인우월주의자들이 이 밈을 자기들의 상징으로 사용했다.

"파시즘"이라는 용어 사용에는 위험이 따른다. 내가 이 단어를 사용하는 이유는 외국인을 배제함으로써 상상의 유기체적 공동체를 재건하려는 극단적인 내셔널리즘의 의도를 서술하기 위해서다.[5] 오늘날 자신을 "파시스트"라고 하는 사람은 거의 없다. 양차대전 사이에는 달랐다. 무솔리니와 히틀러 둘 다 이 용어를 사용했고, 예를 들어 루마니아의 철위대Iron Guard처럼 다른 많은 파시스트 운동들도 그 말을 사용했다. 지금은 그렇지 않다. 스스로를 파시스트라고 칭하는 정당이나 단체는 거의 없으며, 정치현상들을 '파시즘'이라고 지칭하여 서술하는 것이 어려워졌다. 이 단어의 경멸적 의미가 그 분석적 유용성보다 우선한다. 양차대전 사이의 파시스트 체제, 일차적으로는 히틀러의 나치 독일, 제2차 세계대전, 그리고 가장 중요하게는 홀로코스트가 정치적 용어였던 파시즘을 욕설로 아주 바꾸어버렸다. 나치의 전쟁 잔학행위는 파시즘을 상상할 수 있는 최악의 정치적 사건, 즉 비교할 대상을 끌어내는 것이 부적절하고 심지어 불가능한 어떤 것, '재현 불가능한' 어떤 단일한 것으로 두드러지게 한다. 그래서 파시즘은 역사상 단 한 번, 어느 한 곳에서 일어났으며 우리가 아직 살고 있는 민주주의에 의해 (스탈린의 소련에서 도움을 약간 받아서) 패배한 어떤 것이 되었다.

　그러나 파시즘은 1922년 이탈리아에서 완성된 형태로 나타난 것이 아니고 이론화되기까지 시간이 걸렸다. 그리고 나중에도 일관되게 실행되는 이념은 아니었다. 무솔리니는 새로운 상황에 맞추어 재조정되고 겉보기에 모순적인 요소들을 통합할 수 있는 파시즘의 유연한 성격을 늘 강조했다. 어느 정도까지는 무솔리니와 히틀러 둘 다 이데올로기적 모호성을 허용하면서, 개혁주의와 극단주의 파벌 간에 경쟁을 붙이고 지역 자본가계급의 여러 부문과 전략적으로 동맹했다. 무솔리니의 파시즘은 동시대 공산주의혁명이 일으킨 물결의 에너지를 이용하고 모방하면서 사전조치를 했고, 히틀러체제는 심각한 경제위기를 헤쳐가면서 노동계급 혁명의 위험을 차단했다. 두 체제 모두 사유재산을 안전하게 보호하고 유대인 및 기타 '열등한 인종'을 배제함으로써 자본주의 산업화의 소외와 착취를 외면화시켰다. 두 체제 모두 본질적으로 반혁명적이었다.[6]

오늘날 우리는 비슷한 일이 일어나는 것을 보고 있다. 우리는 정치적 파열 속에서 살아가고 있다. 금융위기는 전 지구적으로 재구성된 자본에 큰 타격을 가했고 40년 동안 깔려 있던 경제의 위축을 드러냈다. 지금 우리 정부들은 위기에 시달리는 자본주의 사회의 복잡한 사안들을 처리할 능력이 없는 것 같다. 코로나19로 전면적인 붕괴가 초래되지 않았던 것은 세계 각국의 정부에 의해서가 아니라 사람들의 역량이 집합적으로 동원된 결과이다. 사회동원과 정치적 대의제 메커니즘이 무너졌고 정치적 의사결정은 금융자본과 융합되어 버렸다. 그러므로 정치는 국민에게 책임을 다하기가 어렵다. 국가경제를 계속 진행시킬 줄 모르는 것처럼 보이는 위태로운 정치체계에 반대하면서 국수주의 정당들이 등장했다. 이 정당들은 기존 체계에 저항하며 이주민, 무슬림, 좌파 등으로 딱지가 붙은 사람들을 표적으로 삼아서, '원래의' 민족-국가공동체를 재건할 수 있다는 입장을 취한다. 보호가 필요한 국가공동체의 적이 바로 이주민 등이라는 것이다. 계급갈등은 인종차별을 통해서 정치체계에 대한 (실제보다 더 크게 상상된) 저항으로 해석된다. 후기 자본주의 파시즘은 국가사회주의national-socialist[7]라기보다는 '법과 질서'를 시장경제와 결합한 국가자유주의national liberal인 것이다.

신자유주의적 세계의 자본주의가 40년을 지나면서 최상위에 놓인 시장과 개인주도 규칙은 고조되는 갈등과 끝이 보이지 않는 위기에 직면하여, 위험한 계급, 이민자, 무슬림, 멕시코인, 유대인 등등 인종화된 집단들을 억압할 수 있는 강력한 국가가 필요해졌다. 게다가 코로나19 팬데믹은 상황을 더욱 악화시켜 경제를 손상시키고 더 많은 사람들을 실업자로 만들었다. 사람들이 '안정된 동물 사회', 즉 우리의 종을 임금노동과 자본을 통해서만 번식할 수 있는 동물로 만드는 삶의 장치와 방식을 물리치는 전망으로 진짜 옮겨지는 것을 막기 위해서 파시즘이 등장하여 공격적인 내셔널리즘을 통해 파편화된 대중사회의 사회적 힘을 동원하고 있다.[8]

그 새로운 파시스트 정당들은 반민주주의적이지 않다. 그 정당들은 '진짜' 주민을 대상으로 하는 국가민주주의의 틀 안에서 완벽하게 기능하며, 국가공동체에 속하지 않는다고 여겨지는 사람들을 맹렬히 공격함으로써 동공화된hollowed-out 정치체계를 작동시킨다. 이것은 파시즘적인 일탈이 아니다. 이것은 그저 국가민주주의들에 내재된 모순을 파시스트 정당이 부각시키는 것일 뿐이다. 현행 파시즘은 더 단순한 시대, 특히 전후시대로 회귀하고 싶어 하는데, 거기에는 양차대전 사이의 파시즘의 거들먹거림은 없다. 현행 파시즘은 식민지의 확장보다는 상상 속의 이전 질서로의 회귀에 관한 것이다.

오늘날 파시즘의 재등장을 논의하는 다른 책들은 전형적으로 정치적인 측면에서 말한다. 하지만 이 책은 약간 다른 접근법을 취하여, 파시즘을 지난 50년간의 정치경제사의 맥락 안에 넣고 또 파시즘이라는 관념을 확장하고 다시 연구하여, 오늘날 그것이 일차적으로 사용되는 좁은 정치적 초점에서 벗어나게 할 것이다. 이것은 파시즘에 대한 마르크스주의적 독해이다. 나는 파시즘과 자본주의 축적, 즉 위기에 처한 자본주의 축적 사이의 관계를 강조할 것이다.

지난 40~50년 동안 경제위기가 지속되었다. 오랜 기간 동안 이 위기는 막대한 액수의 신용과 동남아시아의 지역적인 근대화라는 가면 아래 숨어 있었다. 그러나 2007-2008년에 그 위기는 모든 사람에게 가시화되었고, 그 이래로 '새로운 정상new normal'이 되었다. 금융위기로 시작되었지만, 사실은 더 오래전부터 끌어왔던 경제위기였다. 그것이 빠르게 정치적이고도 사회적인 위기가 되어버린 것은 각국 정부가 정책을 재조정할 줄 모르고 그냥 하던 대로 했기 때문이다. 말하자면 (은행에다) 돈을 찍어주고 긴축을 시행하는 뒤죽박죽 불안정을 만들어냈기 때문이다. 그 결과, 국가의 민주주의적 체계는 더욱 동공화되어서 주로 기업과 소수의 엘리트의 이익에만 부합하는 듯하다. 지난 10년은 선거 과정에 활력을 불어넣는 전 세계적인 불연속적 저항운동의 회귀와 인종차별주의 의제와 파시스트 정당의 엄청난 급증으로 특징지어진다. 새로운 파시스트 정당들이 속속 등장했고 국가민주주의 체제를 고수했다. 일반적으로는 그들이 반대한다고 알려진 체제를 말이다. 파시즘은 하나의 저항이다. 제2차 세계대전 이후의 사회국가social state가 오랫동안 서서히 신자유주의적으로 해체됨에 대한 저항이거나 그 시대 세계에 대한 어떤 관념이다. 파시스트 지도자들은 그 시대에 대한 하나의 이미지를 만들어낸다. 실업과 세계화, 가부장적 질서의 자연스러움을 위협하는 새로운 정치적 주체들의 등장 이전의 더 나았던 시대라는 이미지 말이다. 이민자, 유색인, 무슬림, 유대인, 여자, 성소수자, 공산주의자는 역사와 도덕의 쇠퇴를 초래하는 원인으로 인식되며, 파시스트 지도자들은 바람직하지 않은 주체들을 배제하고 원래의 공동체를 복원하는 역공학reverse engineer을 약속한다.

그러나 파시즘은 또한 저항들에 반대하는 저항이기도 하다. 7쪽의 조지 잭슨의 제사題詞처럼 파시즘이란 신자유주의의 글로벌화와 그 자본주의-민족국가의 결합에 대한 더 급진적인 반대 세력의 등장 가능성을 예방적으로 말소하는 것이다.9 파시즘은 지구 전역에 걸쳐서 가다 서다를 반복하는 형태로 발생하는 많은 저항과 소요, 군중집회 안에서 배태되는 진짜 반자본주의 전선을 차단한다.10

파시즘에 대한 고전적인 마르크스주의 분석은 파시즘의 문화적 차원과 이념적 차원을 과소평가하면서, 파시즘이 자본의 무장파armed wing인 듯 자본주의를 구하려는 하나의 모의라고 기술한다. 그러나 정치구조와 이념은 단지 경제체계로부터 연역될 수 없다. 이념은 파시즘의 부상에 중요한 역할을 하고 파시즘이 동원 및 통치할 수 있는 방식에도 중요한 역할을 한다. 파시즘을 분석하기 위해서 중요한 것은 파시즘 경향의 등장을 위한 토대를 마련해 준 이념의 위기와 오늘날 파시즘이 획득한 특정한 성격을 둘 다 자세히 보는 것이다. 하나의 운동으로서도, 하나의 체제로서도 파시즘은 자본주의적 이해관계의 직접 통제로부터 일정한 자율성을 지닌다.[11] 파시즘은 특정한 형식의 반작용이며, 파시즘의 공격적인 내셔널리즘은 위기에 처한 자본주의 경제 속에서 역사적으로 각기 다른 특정한 국가의 경제 및 정치 구조의 '국가적' 맥락과 관련이 있다. 이 말은 우리가 후기 자본주의의 위기 경향들과 그것의 정치적·문화적 '효과'를 분석하기 전에는 파시즘을 이해할 수 없다는 말이다.[12] 자본주의는 위기에 몰릴 수밖에 없는 체계이며, 나는 파시즘이 후기 자본주의의 정치적 모순들로 인한 재앙적인 귀결이라고 주장하려고 한다. 파시즘을 분석하려면 후기 자본주의의 경제적·정치적·이념적 조건들에 대한 이해에서 출발해야 한다. 그 분석에는 두 가지 차원이 얽혀 있다. 나는 후기 자본주의와 신자유주의의 이념적 붕괴를 면밀히 살피면서 현재의 역사적 맥락에서 파시즘의 상승을 가능하게 하는 조건들을 검토하고 또 파시즘의 현행 형태, 즉 오늘날 파시스트들이 말하고 행동하는 것도 검토할 것이다. 후기 자본주의 파시즘에 대하여 쓸 만한 정의에 도달하기 위해서 나는 파시즘의 정치경제적 조건들에 대한 분석과 파시즘이 오늘날 정치적 주류로 어떻게 이동해 들어가는지에 대한 조사를 결합할 것이다.

이 책은 후기 자본주의 파시즘이라는 개념에서 시작하는데, 후기 자본주의 파시즘을 가장 명백하게 표현해 보여주는 것이 아마도 트럼프일 것이다. 그러나 후기 자본주의 파시즘은 우익 내셔널리스트 정치인에게서뿐 아니라 문화, 일상생활, 그리고 온라인의 영역에서 특히 훨씬 더 광범위하게 나타나는 현상이다. 파시즘 체크리스트와 정치적 파시즘에 대한 너무 협소한 이해로부터는 반드시 거리를 두어야 한다. 파시즘을 정치와 정치인에 대한 문제로만 이해한다면, 파시즘이 제2차 세계대전에서 유럽 파시스트체제가 패배한 후 정말 마술처럼 사라진 것이 아니었고 파시스트 구역의 형태로 사실은 계속 살아 있었다는 것을 잊어버리게 될 것이다. 그렇게 계속 존재했음을 수감되었던 흑인혁명운동가 조지 잭슨이 미국의 감옥을 분석하면서 지적했다.[13] 파시즘이 실제로는 결코 사라지지 않았고 국가민주주의 사회들의 주변부, 감옥, 게토, 후에는 이주민수용소에 계속 존재했고, 과거 식민지였던 지역에도 물론 그대로 계속 있었다. 그것을 어떤 정치적 상황이나 어떤 시대를 분석에서 우리의 시야에서 벗어나 있거나 중심적인 중요성이 없는 일종의 느린 폭력으로 생각되었을 수 있다.[14] 에메 세자르Aimé Césaire와 프란츠 파농Franz Fanon 같은 반식민주의자들과 잭슨 같은 혁명의 죄수들은 파시즘이 결코 사라지지 않았고, '포스트식민post-colonial' 세계의 구성성

분임을 잘 알고 있었다.[15] 과도한 폭력은 단지 최후수단으로만 사용되는 것이 아니다. 사회적 위계 재생산의, 자본주의 축적의 재생산의 정상화된 측면, 심지어 일상적인 측면으로도 사용된다. 파시즘은 기계 속의 유령ghost in the machine[ⓐ]이며, 이 때 기계란 자본주의이다. 잭슨이 썼듯이, "우리는 파시즘에 대한 완전한 정의를 결코 내리지 못할 것이다. 그것이 부단히 움직이면서 전통주의적 자본주의 지배계급의 우세함을 위협하는 어떤 특정한 일단의 문제들에도 적합한 새로운 얼굴을 보여주기 때문이다."[16]

명확히 말해보자. 파시즘과 민주주의 국가들 사이에 급진적인 단절이란 없다. 우리는 국가가 법으로부터의 예외라는 기반 위에 서있을 뿐 아니라 위기가 있을 때마다 초법적 조치를 적극적으로 채택함을 알고 있다.[17] 위기상황에서 국가는 스스로 만들고 준수하는 법을 벗어난다. 법은 국가에게 질서를 재창조하기 위한 예외라는 상태를 부여한다. 테러와의 전쟁War on Terror은 이러한 위기상황의 한 예이다. 주권자로서 조

ⓐ   영국 철학자 길버트 라일(Gilbert Ryle)이 1949년에 출판한 『마음의 개념(Concept of Mind)』이라는 책에서 데카르트의 정신-몸 이원론, 정신이 마음과 나란히 또 분리하여 존재한다는 개념을 설명하고 비판하는 말로 사용하였다. 최근에는 인간정신의 지적인 부분이 감정에 의하여 영향을 받는다는 개념에서 사용되거나, 허구에서는 컴퓨터 안에 거주하면서 등장하는 의식을 위한 표현으로 사용된다.

지 W. 부시George W. Bush는 일련의 '반테러' 법령을 도입하였고, 그 법령들은 공적 자유와 사적 자유를 축소했다. 그 절차가 법 위에 있는 전례를 만들었고 예외가 규칙이 되었다. 애국 법령Patriot Act과 군사 명령Military Order은 테러활동이 의심되는 사람들을 미국군대가 불특정 기간 동안 구금하고 이 사람들의 법적 지위를 완전히 박탈하는 것을 가능하게 만들었다.

트럼프는 거대한 제국주의 전쟁기계와 엄청난 비율의 교도소 기반시설, 그리고 군사장비로 무장한 인종차별적 경찰을 물려받았다. 그는 해외와 국내에서의 미국 제국에 필수적인 억압적이고 배타적인 정치를 고조시켰다. 그러나 그는 어떤 식으로든 자신의 행정력을 남용하지 않았다. 그는 그냥 사용되리라고 추정되는 행정력을 실제로 이용했을 뿐이다. 트럼프가 민주주의와 헌정국가를 위반한 것은 주권자이자 미국 대통령으로서 그가 하리라고 추정되는 것을 한 것뿐이다. 2020년 트럼프가 각 주의 결정을 무시하고 자신의 돌격대원을 쓰기로 결정했을 때. 그들은 신나치 민병대와 국경순찰대에 속한 자들이고 트럼프가 그들을 비행기로 데려왔다는 이야기가 돌았다. 그 국경순찰대는 국경에서 사실상 한 세기 이상 해왔던 것을 했을 뿐이고, 또 미군은 20세기 초 필리핀 타갈로그 반란Tagalog Insurgency 이래로 전 세계에 걸쳐 해왔던 일을 하고 있었을 뿐이다.[18]

바이든 정권도 여기에서 벗어나지 않을 것이다. 오바마는 추방자 수를 늘렸고 부시보다 10배나 많은 드론 공격을 감행했다. 트럼프와 그가 파시스트 민병대에 내놓고 손짓하는 것을 보여주는 횡설수설하는 트위트가 제거된 것은 다행이다. 그러나 바이든이 미국 국가의 핵심인 대량 감금과 제국주의를 확대하는 역할을 다하리라는 것은 의심할 바 없다. 한두 번의 자극책으로는 그것이 변하지 않을 것이다.

이 책은 극우와 파시즘에 관한 것일 뿐 아니라 위기에 처한 자본주의 사회에 관한 것이기도 하다. 자본주의 사회가 더욱더 많은 권위주의적 해결책을 채택하는 경향으로 기울고 있지만, 그 해결책들은 필연적으로 더 많은 혼란을 가져올 것이다. 국가민주주의 정치체계의 분해는 새로운 파시즘의 문을 열었으며, 이는 트럼프, 보우소나루Bolsonaro, 오르반Orbán, 살비니Salvini, 르펜Le Pen처럼 아주 충격적으로 공포를 조성하는 외국인 혐오의 정치 지도자들에게서만 볼 수 있는 것이 아니다. 또한 파시즘은 "극-중도extreme-centre"의 어떤 영구한 표식이 되어가고 있다. 극-중도는 파시스트 정당들과 경제위기를 직접 다루는 그 능력에 뒤지지 않으려고 애쓰면서 이민자, 무슬림, 공산주의자, 유대인, 한 마디로 위험한 타자를 희생양으로 삼는 것을 그 원래의 대의와 바꿔버리고 있다. 오늘날 파시즘은 특정 파시스트 정당 안에 고립되어 있지 않고 일상 문화에 퍼져 있으며 민족국가로의 기능에 거의 의무적인 부분이 되었기 때문에, 이러한 진행에 어떻게든 반대하려면 반파시즘을 반자본주의 및 민족국가에 대한 비판과 결합시켜야 한다. 파시즘을 비판한다는 의미는 후기 자본주의의 권위주의적이고 인종차별적 전환을 공격하면서 화폐경제와 국가 형태가 대체될 가능성을 보는 관점을 지니는 것이다. 반파시즘은 문제의 근원에까지 가야 한다는 의미에서 급진적일 수밖에 없다. 진정한 반파시즘은 현재의 사물질서에 대한 급진적 비판을 내포한다.

20세기 후반의 짧은 기간 동안 서구의 지배계급은 지역 노동자계급의 상당 부분에게 어떤 혁명적인 주장도 버리라고 설득하면서 동시에 다른 한편으로는 이전 식민지들에 개입하고 탈식민지 운동을 무자비하게 파괴할 수 있었다. 지역 노동계급을 일자리, 문화, 상품을 통해 회유하는 일과 이전 식민지의 혁명가들을 죽이는 일이 병행되었다. '북반구'의 복지와 '남반구'의 폭력이라는 이 지형도가 다시 만들어지고 있었다. 두 세계가 내내 분명히 밀접하게 연결되어 있었으나 잠시 동안은 자본주의 국가의 폭력이 약화되거나 다른 어떤 것, 더 미묘한 어떤 것으로 대체되고 있었던 것처럼 보였다. 들뢰즈Deleuze의 통제사회는 이 변천에 대한 분석이었다. 이 변천으로 권력은 내재화되고, 규율사회의 제도들은 해체된다는 것이다.[19] 들뢰즈는 물론 그것이 실제가 아님을 알았다. 이탈리아에서의 77운동movement of 1977[ⓐ]에 대한 잔인한 탄압과 미국의 흑인 혁명가들의 운명은 국가의 '무정부적' 폭력이 사라지지 않았음을 보여주었기 때문이다. 중요한 것은 북반구에서 제2차 세계대전 이후의 시대를 분리해 내는 일이 아니라 어떻게 북반구가 내내 폭력과 반란 진압의 잔인한 파시스트 지리의 한 부분이었는지를 보는 것이다. 포드주의식 계급타협의 경제적 기반이 사라졌을 때 파시즘이 북반구로 되돌아왔다. 20세기 후반의 한 동안 파시스트 구역은 가장 반항적인 주체들에게 예약된 자리였고, 대부분의 사람들은 자신이 적합하다고 생각하는 대로 반대하고 저항할 수 있었다. 이제는 더 이상 그렇지 않다. 자본주의 국가의 억압적인 면이 되돌아왔다.

들뢰즈는 조지 잭슨에게서 크게 영감을 받았는데, 잭슨은 흑인을 가두거나 그저 쏘아버리는 미국의 지역 파시즘과 베트남 같은 국외에서의 제국주의 미군 사이의 연관성을 명확

ⓐ 1977년 이탈리아에서 자발적으로 일어난 정치운동. 처음에는 의회 외부의 좌파로부터 발생했다. 형태와 본질상 이전의 1968년의 학생운동과는 완전히 달랐고, 사실상 정당체계, 노동조합, 심지어는 정치운동들에 반대하는 목소리를 내는 것이 특징이었다.

히 했다. 그 둘은 동일한 한 국가의 양면이었다. 미국 내 백인에게는 시위와 일정 수준의 자유를 허용했지만, 무장한 아프리카계 미국인과 반군 베트남인은 죽였다. 지역의 (백인) 노동자들에게는 일자리를 주고 빈민가와 정글에서 혁명가들을 죽인 것은 바로 그 동일한 자본주의 국가이고 그 두 측면을 분리할 방법은 없다.

이 책은 두 부분으로 구성된다. 1장은 파시즘 성장의 토대를 마련한 다양한 위기를 개괄한다. 이 장은 파시즘의 재등장을 경제 위축과 정치체계 동공화가 특징인 장기적 정치경제가 전개된 결과로 역사화하고 맥락화하고자 한다. 금융위기는 이미 신용팽창 경제에 큰 타격을 입혔고, 뒤이은 정치적 실책은 알다시피 이미 실추된 정치의 위신을 더욱 떨어뜨렸다. 전 지구의 신자유주의적 자본주의의 정치적 패권은 누더기가 되고, 부르주아지들은 새로운 합의점을 찾느라 어려운 시간을 보낸다. 인종차별주의와 국수주의가 선거정치를 지탱하는 데 유일한 수단임이 입증되자 파시스트 정당들은 모든 곳에서 입지를 늘리고 있다. 파시즘을 연구하는 역사학자 제프 엘리Geoff Eley는 이것을 다 합쳐서 "파시즘을 낳는 위기"라고 부른다.[20]

2장은 후기 자본주의 파시즘에 대한 분석이다. 나는 파시즘이 단지 정당들과 파시스트 지도자에 대한 문제가 아니고, 더 넓은 것, 살아가는 현실과 전개되는 어떤 과정에 관한 문제라고 주장한다. 따라서 내 분석은 일상의 모순적인 영역을 고려해서 후기 자본주의 파시즘의 '몹시 상부구조적인'성격 해부를 시도한다.[21] 후기 자본주의 파시즘은 모든 것과 모든 사람을 제자리로, '자연스러운' 자리로, 돌려보내려는 폭력적 열망이며, '국가 질서'를 위협하는 이주민, 무슬림, 공산주의자를 규탄하고 제거하려는 폭력적 열망이다. '원래의' 공동체가 존재한다. 그리고 그 공동체가 위험에 처해 있으며 보호할 필요가 있다. 지도자가 나서서 질서를 확립해야 한다. 이것이 아직도 파시스트의 신화이다. 그러나 오늘날 이 신화는 정치와 오락이 구별되지 않는 유아화된 대중영역에서 온라인 커뮤니티들을 통해 유포된다. 스펙터클의 사회the society of the spectacle[a]에서는 쇠퇴와 위험한 음모에 대한 일관성 없는 망상이 번성하고, 정치 지도자와 고등학생 살인범, 그리고 네트워크로 연결된 겁에 질린 주민이 연합한다.

나는 후기 자본주의 파시즘을 경제, 정치, 이데올로기가 '문화적' 수준에서 얽히는 무수한 방식들의 지표로 생각한다.

---

[a]   철학자이자 마르크스주의 비판이론가인 기 드보르(Guy Debord)의 책 『스펙터클의 사회(La société du spectacle)』(1967)가 발표된 이후로 이 말은 자본주의를 의미하는 말로 사용되곤 한다.

나는 '첫째' 원인을 경제영역에서 찾는 기계적인 마르크스주의적 해석의 구성을 거부한다. 사람들이 (소위 2015년 유럽의 이민자 위기 동안 시리아 난민들이 스웨덴에 가려고 덴마크 고속도로 위를 걸어갈 때) 그 고속도로 다리 위에서 난민들에게 인종차별적 욕설을 하고 침을 뱉을 때 그들은 단순히 자신의 고통스러운 경제상황을 행동으로 옮기고 있는 것이 아니다. 후기 자본주의 파시즘에 너무 쉽게 동조하는 백인 노동자의 이데올로기가 그저 잘못된 의식에 대한 반영만은 아니다. 풀어야 할 문제는 후기 자본주의 파시즘을 복합적인 문화적 현상으로 분석하는 것이고, 또 파시즘이 어떻게 그 자체에 적합한 주체성의 형식들을 생산해 내는지 이해하려고 노력하는 것이다.

효과적인 반파시즘은 급진적인 사회변화의 형태를 취해야 한다. 반파시즘이 급진적인 반자본주의 입장에 내장되어 있는 한에서만, 국가민주주의에 내재된 배제의 정치에 대한 필수적인 비판에 참여하는 것이 가능해질 것이다. 현재의 네트워크 파시즘에 맞설 수 있는 유일한 반파시즘은 위기에 처한 자본주의 사회에서 파시즘의 모순적 기능을 부각하는 공세적인 반파시즘이다.

1장
위기로서의 후기 자본주의

21세기 초 파시즘의 성장을 이해하려면 한 걸음 물러서서 더 장기간의 정치경제사를 설명할 필요가 있다. 그 역사 안에서 자본주의 세계경제가 둔화되고 현재는 힘을 다 잃어가고 있다. 현행 자본주의에 대한 분석 없이는 지금의 파시즘의 부상을 이해하고 설명하는 것이 가능하지 않다. 막스 호르크하이머Max Horkheimer는 자본주의에 대해서 말할 준비가 되어 있지 않다면 파시즘에 대해서 침묵해야 한다는 유명한 말을 했다.[1] 이 말은 여전히 맞다. 현재의 파시즘에 대한 어떠한 분석이든 자본주의에서 출발해야 한다. 파시즘이 자본주의의 도구라는 의미는, 어떤 단순한 의미에서가 아니다. 또 파시즘을 노동계급의 저항을 분쇄하려는 사악한 자본가들의 의도의 산물로 이해해야 한다는 뜻도 아니다. 후기 자본주의 파시즘은 고도로 모순된 현상으로서 자본가 계급의 객관적인 위기를 표현해 준다. 공식적인 정당, 노조 및 조직 바깥에서 일어나는 자발적인 시위와, 폭동 및 반란에 대처하도록 부르주아지를 연합하여 합의를 끌어낼 수 있는 프로그램을 제시할 수 없어 보이는 자본가 계급의 위기를 말해준다.

후기 자본주의 파시즘은 어떤 종류의 음모가 아니다. 오히려 그것은 자본주의 사회의 해체의 표현, 즉 위기의 표현이다. 그것은 거대 자본주의 세력들의 경쟁 심화, 정치제도의 느린 침식, 대중정치와 계급정치가 정체성 정치로 대체됨, 이런 것들에 의해 강화되는, 경제 하락의 한 증상이다.

우리는 정치가 자체-재생산을 못하는 무능함을 그 중심에 두고 있는 특정한 국면을 살고 있다. 게다가 대중문화의 극심한 개별화, 인구의 원자화, 소셜미디어상에서의 인종차별적 정서의 주류화가 더해진다. 이러한 전개가 후기 자본주의 파시즘의 가능성을 구성한다. 그것은 다중위기이다. 경제, 정치, 사회, 사회심리, 세계적 팬데믹 그리고 환경의 위기들이다. 우리가 직면한 그 위기들이 파시즘의 등장을 가능하게 하고 파시즘 그 자체를 해결책으로 제시하게 해준다. 비록 그것은 혼란과 파괴를 더 강화할 뿐일 해결책이지만 말이다. 생산과 문명의 한 양식인 자본주의는 물론 긴장과 갈등의 성격을 지니며, 긴장과 갈등을 증폭시킨다. 자본주의는 전례 없는 재생력을 가지고 있지만, 체계를 추동하는 긴장이 이제는 그 기반을 위협한다. 깊은 모순들이 사회를 찢고 있으며, 명백히 '현재의 상황에 맞춘' 해결책으로 등장한 것이 없다. 그 상황에서 파시즘은 자신이 하나의 선택지라고 스스로 나선다.

금융 위기

파시즘 등장의 직접적인 배경은 금융위기와 그 위기에 대한 관리이다. 역설적으로 미국 주택 시장의 거품이 터졌어도 신자유주의의 경로는 전혀 변경되지 않았고, 전 세계의 정부들은 그 비용을 '사회화'함으로써 대응했다. 말하자면, 정부가 은행을 구했고, 금융자본에서 생겨난 막대한 부채를 떠안았고, 이미 신자유주의의 조정 정책의 압박을 느끼는 사람들에게 그 빚을 전가했다. 프랑스 철학자 피에르 다르도Pierre Dardot 와 크리스티앙 라발Christian Laval이 쓴 것처럼, 신자유주의의 악몽은 2008년 세계금융시장이 급격히 붕괴하면서 시작되어 그 이후로 계속되었다.2 서브프라임 주택담보대출 위기 이후 각국 정부가 탈신자유주의적인 종류의 조정을 착수하는 대신, 공공부채를 늘리고 스스로 금융자본의 명령에 더욱 복종하면서 신자유주의가 사실상 더 철저해졌다. 이미 불안정하고 극도로 불평등한 체계는 그에 따라 훨씬 더 흔들리게 되었다.

신자유주의의 통설orthodoxy만이 유일하게 통하는 게임이었다. 빠르게 무너지고 있는 상태에서 여전히 견디는 일 말고는 다른 방법이 없었다. 각국 중앙은행은 화폐 발행의 통제를 풀어서 세계경제의 총체적 붕괴를 막으려고 시도했다. 은행긴급구제, '유해 자산' 매입, 양적완화로 총체적 붕괴를 막았을지는 모르지만, 그럼으로써 이미 부채가 많은 국가경제에 더 많은 부채가 쌓여서 실질적인 회복의 기반도 약화되었다.

2008년 이래로 각국은 디플레이션deflation을 막으려고 하면서 한편으로는 내내 긴축을 해왔다. 즉, 은행에는 돈을 나눠주면서 공공지출은 삭감하고 있었다. 긴축정책의 결과는 많은 국가에서 아주 극적이었다. 특히 남유럽에서는 실업률, 특별히 청년층의 실업률이 신용거품이 꺼진 후 몇 년 안에 폭발적으로 증가했다. 그리스에서는 2013년 실업률이 무려 27%를 기록해 충격적이었고, 청년층의 50%가 일자리를 찾지 못했다. 2020년 봄에도 16%가 실업상태였다. 스페인에서는 2013년에 인구의 4분의 1이 실업상태였다. 2019년 말에 여전히 실업상태가 14%에 가까웠다. 금융위기 이전에는 실업률이 8%였다. 그 시기 이래로 남유럽에서는 실질적인 회복이 이루어지지 않았다. 그리고 코로나19 팬데믹으로 인해 그 숫자는 이미 기하급수적으로 증가했다.

금융위기에 대처하는 정치적 기구들의 무능력은 국가적 차원에서도 국제적 차원에서도 충격적이었다. 예를 들어 유럽연합의 연대에 대한 어떤 아이디어도 순식간에 사라져버렸다. 정파를 넘어서 임시변통으로 구성되곤 했던 그리스의 정부들은 아주 엄격한 긴축 재정과 공공 서비스 및 기간설비 민영화를 강요당했고, 모든 것이 '필수적인 구조개혁'이라는 명목으로 이루어졌다. 유럽중앙은행은 신자유주의 프로그램을 고수했고, 가차 없이 그리스, 이탈리아, 스페인을 압박했다. 긴축 관리와 연관된 그 정치적 스펙터클은 거의 희극적이었다. 계속되는 재선거와, 그리스와 이탈리아에서의 은행가들의 국가수반 임명, 반긴축 기조를 기반으로 선출된 좌파 정부들이 반대해 왔던 조건에 항복해야 했던 것(시리자Syriza 전체의 대실패)은 거의 희극에 가까웠다 .

그러나 위기관리의 웃음거리가 된 이미지들, 즉 2011년 11월 칸에서 열린 G20 정상회의에서 메르켈Merkel과 사르코지Sarkozy가 요르요스 파판드레우George Papandreou에게 제1차 유럽 지역 긴급구제 협상안 수용에 대한 국민투표 취소를 요구한 것 뒤에는, 그리고 그리스 GDP가 25% 이상까지 수축되고 GDP 대비 부채 비율이 12.6%에서 176.8%로 충격적으로 증가했다는 공식적인 수치 뒤에는, 실제로 암울한 일들이 있었다. 최악의 피해를 입은 국가들에서 유럽 다른 지역으로의 이주와 자살률 둘 다 기하급수적으로 늘어났던 것이다.

그리스의 상황이 특히 가혹했지만, 이탈리아와 스페인 같은 나라들에서도 약간 더 나았을 뿐이었다. 그 두 나라에서 청년 실업률은 '50% 이상'으로 빠르게 상승했다. 그 위기가 전개되는 방식은 나라마다 차이가 있었다. 값싼 달러에 대한 끝없는 수요로 인해 미국은 위태위태하면서도 회복해 갈 수 있었지만, 어느 곳에서도 신자유주의적인 의제를 버리지 않았다. 유럽국가들 대부분에서는 성장이 결코 회복되지 않았고, 각국 정부들은 이미 약화된 복지 상태에서도 점점 더 많은 삭감을 하도록 내몰렸다.

예를 들어, 프랑스에서는 금융위기 이후로 모든 정부들이 하위 계층을 겨냥한 일련의 긴 개혁에 참여했다. 사르코지의 감세정책부터 올랑드Hollande의 엘-콤리El-Khomri법, 마크롱Macron의 노동법 개혁에 이르기까지 모든 정부는 당의 색깔에 관계없이 동일한 길을 따랐다. 2012년 올랑드는 사르코지와 경선에 나서서 사르코지가 전후 사회적 대타협을 해체하고 있다고 맹렬히 공격하며 "나의 진정한 적은 이름도, 얼굴도, 정당도 없다. 그것은 금융계다"라고 말했다. 그러나 그는 프랑스 공화국 대통령으로 취임하자 곧바로 사르코지의 뒤를 따랐다. 공공서비스는 삭감되거나 민영화되거나 새로운 공공관리 논리에 종속되었고, 노동규제들은 그냥 폐기되었고, 사회보장은 민간보험에 유리하게 약화되었다.

어디서도 금융위기로 인해 신자유주의 체계가 실질적으로

개혁된 곳은 없었다. 하물며 대안 정치 형성은 언감생심이었다. 그 정치체계는 처음 위기를 초래한 길로 계속 가는 것 외에는 전혀 상상할 수 없는 것처럼 보였다. 설상가상으로 투자은행, 연금기금, 헤지펀드 등 금융 행위자들의 활동을 규제하려는 빈약한 시도들은 미국, 프랑스, 스웨덴에 이르기까지 거의 모든 정부에 의해 조직적으로 저지되었다. 통과된 개혁안들도 그 체계를 전혀 바꾸지 못했다. 2010년 오바마가 발의한 도드-프랭크법령Dodd-Frank Act이 그랬다. 금융위기라는 질병에 대한 치료는 내내 똑같았음이 밝혀졌다. '더 도덕적인' 경제에 대하여 많은 논평자와 경제학자뿐 아니라 여러 정치인들이 약속했지만, 그런 약속은 순식간에 허공으로 증발해 버렸다.

금융위기는 역설적이게도 신자유주의의 승리로 판명되었다. 신자유주의 축적체제의 불균형이 커져가는 와중에도 신자유주의가 도전받지 않고 지배했다. 사실은 어떤 대안을 보기가 그냥 어려웠을 뿐이었다. 정치적 분열과 상관없이, 신자유주의 패러다임에 포섭된 권력에 이해관계가 있는 거의 모든 사람이 다른 식으로 경제를 관리하는 길을 갈 수 없었다.

하지만 신자유주의의 승리는 오래가지 못했다. 금융위기는 신자유주의가 매우 흔들리는 기반 위에 세워졌음을 모두가 볼 수 있게 만들었다. 각국 정부는 빚을 턱까지 쌓음으로써만 거품이 터지는 것을 겨우 억제할 수 있었다. 그리고 그 위기의 공격을 감당하도록 강요당한 것은 국민들이었고, 신용평가사에게 압박을 받는 정부들은 임금 노동자와 수많은 실업자에게 청구서를 넘겼고, 유권자들은 점점 더 좌절하게 되었고 신자유주의 패러다임에 전적으로 헌신하는 정치체계를 반대하거나 방기하기 시작했다.

후기 자본주의의 모순들

금융위기는 사실상 1960년대 후반 자본주의가 직면한 위기를 해결 못하는 신자유주의의 무능함의 증상일 뿐이다. 그 문제는 경제의 장기적인 위축이었다. 에르네스트 만델Ernest Mandel, 로버트 브레너Robert Brenner, 폴 매틱 주니어Paul Mattick Jr., 그리고 엔드노트Endnotes 그룹 같은 몇몇 마르크스주의 역사학자들과 이론가들이 모두 주장했듯이, 1970년대 이후 쭉 일어난 변화들, 짧게 말하자면 신자유주의적 세계화globalization는 사실 바로 시작부터 모순을 안고 있었고 후기 자본주의의 근본적인 문제들, 말하자면 과잉생산, 과잉축적, 수익성 하락을 전혀 해결해 내지 못했다.[3] 금융위기는 이 모순들을 악화시켰고 가시화했을 뿐이다.

1970년대 중반 이래로 서구경제는 내리막길을 걸었다. 제2차 세계대전 후 그리고 자유주의적 자본주의(그리고 소련의 관료적 국가자본주의)가 파시스트 체제를 꺾고 승리한 후의 시기와 비교하면 지난 40여 년간 성장수준이 매우 낮았다. 그리고 1970년대 후반부터 도입된 신자유주의 개혁은 자본주의의 엔진을 재가동하지 못했다. 실제로 1970년대 후반부터의 시기는 금융위기의 연속적 반복이 그 특징이 되어버렸다. 그 위기는 1973~1975년, 1980~1982년, 1990~1991년, 2001~2002년, 그리고 2007년 이후로 계속되고 있다. 신자유주의의 구조조정은 그 모순들의 붕괴를 미루는 데 그쳤을 뿐이고, 실제로는 이제 12년 이상 지속하며 늘려온 위기의 토대를 마련했을 뿐이다. 금융위기는 해결된 적이 없었다. 주류 경제학자들조차도 동의하며 '장기침체secular stagnation'ⓐ에 관해서 말한다. 말하자면 성장이 낮거나 없다. 거기에 정치계급에게도 해결책이 전혀 없어 보인다는 사실까지 보태진다. 어떤 사람들

ⓐ 장기침체(secular stagnation)라는 경제학 용어는 시장기반 경제에서 경제성장이 전혀 없거나 무시할 정도로 작은 상황을 말한다. 이 맥락에서 secular라는 용어는 '장기간'을 의미한다. 라틴어 어원인 saeculum이 세기나 평생이란 의미이기 때문이다. 그래서 순환적(cyclical)이나 단기간이라는 말과 대조되는 의미로 사용된다.

은 신자유주의 세계화가 어떻게든 지속되기를, 클린턴이나 바이든이 4년 더 집권하기를 바라는 반면, 다른 사람들은 그 배에서 뛰어내려 버렸고 파시스트가 정치를 하도록 기꺼이 내버려둔다.

자본주의 경제는 지난 50년 동안 위축되어 왔다. 그리고 "통화주의적 '반케인스주의적' 반혁명"도 그 흐름을 바꿀 수 없었다. 1960년대 후반 이후 성장률은 꾸준히 하락하여 1970년대에 약 4%, 1980년대에 3%, 1990년대에 3% 미만이 되었다. 이것은 1960년대의 6%와 비교되어야 한다. 1940년부터 1968년까지 세계경제는 만델Mandel이 '확장주의의 긴 물결ex-pansionist long wave'이라고 불렀던 것을 경험해 왔다. 제2차 세계대전에서 수백만 명의 노동자가 학살된 후 부르주아지는 서구 노동계급을 복지국가에 통합시키고 교육, 문화, 주택, 값싼 상품에 대한 접근성을 제공함으로써 그들을 달랬다. 그 '거래'는 성공했고, 전후 경제는 생산성에서 놀라울 정도로 성장했다.

1945년 이후의 사회적 평화는 물론 선택된 소수를 위해 예약된 것이었고, 축적의 오랜 중심지에서 일어난 그 호황의 열매를 거둔 사람이 소위 제3세계에서는 거의 없었다. 1960년대 말경에는 전후의 긴 호황을 대체하는 우울한 긴 물결이 밀려왔다. 노동자들의 불안정과 과잉축적의 결합에는 변화가 필수적이었다. 그러나 신자유주의 또는 만델이 말한 '반케인스주의적 반혁명'은 새로운 상승세를 띄울 수 없었다.4 저임금, 산업생산의 이전移轉, 신기술 도입, 그리고 서구의 가계 부채 허용을 포함한 경제의 금융화도 그렇게 하지 못했다. 로버트 브레너가 지적했듯이 1948년부터 1973년까지 미국 산업 부문에서 가장 낮았던 연간 수익률이 1973년 이후 가장 높았던 수익률보다 더 높았다. 1968년 이후 미국경제는 단 한 순간도 그 이전 시대의 성과에 근접하지 못했다.

신자유주의 경제는 기본적으로 지속 불가능한 피라미드 구조로 성장이 이자 상환을 감당할 수 없어 채무자들이 점점 더 많은 돈을 빌릴 수밖에 없도록 몰아갔다. 로렌 골드너Loren Goldner의 말처럼, "놀랍고도 전례 없는 비율로 신용 피라미드가 점점 더 '성장'의 '모터'가 되어가면서 세계 자본주의는 '텅텅 비어왔다'5 모든 위기마다 상환 청구로 '해결했지만' 또한 사회적 재생산ⓐ에 대한 삭감을 증가시킴으로써도 '해결'했다.

경제가 위축하고 있었기 때문에 자본주의는 제2차 세계대

ⓐ 　사회적 재생산(social reproduction)은 주로 인구, 교육, 물질재산의 상속 등을 기초로 사회구조와 체계가 재생산됨을 말하며, 이 때 재생산이란 기존 사회적 관계들의 유지와 지속으로 이해된다. 이는 카를 마르크스가 『자본론』에서 공식화한 개념이다.

전 이후 확장주의의 긴 물결 동안 해왔던 노동과의 타협을 더 유지할 수 없었다. 자본주의의 건강은 성장, 생산 확대, 상품 판매에 달려 있는데, 그것이 더 이상 가능하지 않았다. 그러므로 신자유주의 시대는 격렬한 계급투쟁의 한 시대였지만 일방적인 계급투쟁이었고, 지배계급은 점점 더 많은 노동자를 제거하려고 시도했다. 완전고용을 보장하거나 사회보장을 확대하거나 임금 근로자의 실질 소득의 꾸준한 증가를 보장하는 것이 이제는 그저 불가능했다. 자본가계급의 우선순위가 바뀌었다. 그러나 모순들은 여전히 남아 있었다. 그리고 자본가계급의 지지자들 그리고 신자유주의 경제의 이론가와 실천가들 가운데서 계급투쟁은 내재화되어서 결국 노동 없이도 이윤을 창출할 수 있다고 믿어버리는 정도가 되었다.

토마 피케티Thomas Piketty 및 여타 사람들이 보여주었듯이 신자유주의의 재구조화의 사회적·경제적 결과들은 정말 참혹했다.6 이 기간 동안 불평등은 급격히 증가했다. 1945년부터 1968년까지는 미국의 가장 부유한 계층과 가장 가난한 계층의 격차가 줄어드는 방향으로 이동했다. 그러나 1968년부터는 그런 전개가 멈췄을 뿐만 아니라 역전되어 오늘날에는 격차가 그 어느 때보다 커졌다. 그와 동일한 전개를 거의 모든 곳에서 볼 수 있다. 불평등이 기하급수적으로 증가했다. 옥스팜

Oxfam의 연례보고서에 따르면, 2020년 전 세계 2153명의 억만장자가 지구 인구의 60%에 해당하는 46억 명보다 더 많은 부를 가졌다.7 세계 상위 1%의 부자가 전 세계 부의 44%를 소유했다. 다시 말해 그들이 69억의 인구보다 2배 이상을 소유한 것이다. 또 세계에서 가장 부유한 22명의 남자가 아프리카의 모든 여자보다 더 많은 부를 지니고 있다. 전 세계적 불평등은 엄청나게 커서 정치인들이 그것을 그저 무시하기 어려울 정도다. 그러나 금융위기는 신자유주의의 계급 프로젝트를 방해할 어떤 것도 하지 못했다. 2009년에는 세계에서 가장 부유한 380명의 부를 합치면 전 세계 인구의 하위 절반이 가진 부와 맞먹었다. 2018년에는 겨우 26명의 억만장자가 하위 50%가 가진 만큼의 부를 가졌다.8

사회적 재생산의 관점에서 볼 때, 지난 50년은 대부분의 사람들에게 아주 암울했다. 특히 아프리카와 중동이 그랬는데, 민족해방운동의 붕괴로 그 지역들은 구조조정 프로그램에 개방되었고, 결과적으로는 지역 자율성이라는 허울조차 벗어버렸다. 라틴 아메리카에서는 독재정권이 사회주의 개혁에 대한 희망을 짓밟았고, 소비에트 블록의 붕괴는 산업과 천연자원을 민영화로 풀어놓아 러시아 여피족과 정치인의 소수 계층만이 이득을 얻었다. '시장'이 도전받지 않은 채 지배했고, 대부분의 인간(그리고 지구)에게 해를 끼쳤다.

신용에 대한 접근 덕분에, 축적의 오랜 중심지였던 서유럽과 북미에서는 이 시대가 정상이라는 분위기가 있었지만, 대부분의 다른 곳에서는 신자유주의 시기가 아주 지옥 같았다. 금융위기는 서구에서의 정상성이라는 스펙터클을 산산이 부수고, 깔려 있던 불균등한 파괴의 패턴들을 가시화했다. 미국에서는 생활수준이 20~30% 떨어졌고, 서유럽에서는 그 전체 기간에 실업률이 10%에 달했다. 여기에 복지국가의 해체가 더해지면서 그 정치체계가 서서히 침식되고 후기 자본주의 파시즘이 부상하기에 아주 좋은 이유가 생긴 것이다.

이 역사에서 주요한 예외가 있다. 1970년대부터 선진 자본주의 경제로 발전한 대만, 한국, 홍콩, 싱가포르 및 (연안 지역의) 중국이다. 소위 아시아의 호랑이들과 중국은 '세계의 공장'이 되어 서구보다 낮은 비용으로 상품을 대량으로 생산했다. 한동안 동아시아의 값싼 노동력이 탈출구였다.

그러나 아시아 호랑이들의 성공도 위기로 점철되었는데 1997~1998년의 위기가 가장 뚜렷하며, 특히 중국에서는 자본주의의 발전이 저개발 및 비참함과 함께 했다. 중국의 예는 고향 밖으로 내밀려서 그 경제에 진입하기 위해 고군분투하는 수백만 명의 실업자를 보여준다.

2007년 미국 주택시장이 바닥으로 떨어지자 경제의 장기적인 궤적이 갑자기 가시화되었다. 경제의 확장 불능이 금융 부문의 막대한 수익에 가려져 있었던 것이다. 컴퓨터와 컨테이너가 어느 정도는 노동력을 압축했지만 수익률의 하락을 막기에는 충분하지 않았다. 밑에 깔린 문제는 그대로 남아 있었다. 그리고 금융위기와 함께 상황은 더욱 악화되어 국가들은 더 많은 부채를 떠안아야 했다. 그러나 회복은 결코 구체화되지 않았다. 위기가 '민주화'되어 버렸고, 중국은 잠재적으로 일본식 부채위기로 변할지도 모를 거대한 부동산 거품 위에 앉아 있었다. 1970년대의 '원래' 위기의 모든 특징은 여전히 존재하며 코로나19 팬데믹으로 인해 더 악화되었을 뿐이다.

자본주의 체계는 끝없는 위기의 진창에 빠져버렸다. 폴 크루그먼Paul Krugman과 래리 서머스Larry Summers 같은 주류 경제학자들조차 공공지출과 기간시설 프로젝트를 통해 경제를 활성화하고 경제적 불평등 증가를 다루는 일이 필수적이라고 주장한다. 그러나 부르주아지의 상당수는 은행에 현금을 투입하고 노동수입을 낮추었던 50년 전의 경로로 계속 가는 것에 전력투구하는 것처럼 보인다. 하지만 이것은 투자를 되돌아오게 하지 못할 것이다. 그리고 그 사이에 점점 더 많은 사람이 경제에서 밀려나고 있다. 이런 추세를 비공식 노동ⓐ의 증가가 증언해 준다. 국가의 대응은 더 많은 통제 도입이다. '법과 질서' 의 귀환이다. 국가가 일자리와 복지를 보장할 수 없게 되면서, 경찰이 넘겨받고 배제가 정치적인 프로그램을 벌충할 수밖에 없다.

그래서 문제는 무능한 정치인에게 도움을 받는 금융자본도 아니고 탐욕스러운 은행가들도 아니다. 문제는 훨씬 더 깊이 들어간다. 수익성 하락과 과잉축적이다. 거기다가 현재도 지속 중인 생물권 붕괴와 세계적 팬데믹의 혼란이 보태지면 독성 칵테일, 즉 반동적 정서의 완벽한 번식지가 만들어진다.

물론 자본주의 생산양식은 모순과 위기에서도 번성한다는 점에서 사회적, 정치경제적 형성물들과는 상당히 다르다. 자본주의는 처음부터 반복해서 나타나는 위기들로 인해 망가졌다가 늘 회복되어 새로운 축적 국면으로 다시 시작할 수 있었다. 비자본주의적 생산양식들과는 달리 자본주의는 새로워지려고 계속 파괴했고, 비효율적인 생산조건들과 삶의 형식들을 청산했고, 다음번의 확장을 위한 전선들을 열어놓았다.

금융위기에 직면하여 대부분의 논평자들은 다시 그렇게 될

ⓐ 비공식 노동(informal labour)이란 고용관계가 법적·실질적으로 노동법, 소득세, 사회적 보호, 고용 혜택 권리(해고 사전고지, 병가 등) 등에 구속받지 않은 상태의 노동을 말한다.

것이라 추정했다. '장기적인 침체'의 논제 전체가 보여주듯이 비록 자본의 자본을 신봉하는 자들의 확신은 확연히 줄었지만 말이다. 자본은 다양한 정책들의 물음을 초월하는, 대처 불가능한 내재적 한계에 직면하게 될 수도 있다. 고인이 된 이매뉴얼 월러스틴Immanuel Wallerstein은 현재의 불만스러운 문제는 경기의 주기적 변동을 넘어선 것이며 자본주의는 20~40년 안에 사라질 것이라고 주장했다.9 월러스틴의 분석에 굳이 동의하지 않아도 말할 수 있는 것은 사회의 재생산을 보장할 자본주의의 역량을 희생시키고 자본주의의 신자유주의적 재구성이 이루어졌다는 것이다. 경제에서 배제되거나 경찰의 통제를 받거나 감옥과 수용소에 갇힐 수 있는 사람의 수에는 한계가 있다. 끊임없이 임금을 삭감하고 값싼 생산비를 쫓아가는 것은 경제에 감당할 수 없는 위협이 된다. 체계가 자체로 재생산되려면 충분한 임금노동이 있어야 하는데 그것이 점점 더 어려워지고 있다. 다음 차례는 무질서이다.

정치의 붕괴

지배계급이 금융위기를 처리하는 방식은 오히려 상황을 악화시키고 경제의 근본적 문제들을 심화시킬 뿐이었다. 늘어나는 불평등과 복지의 삭감이 1970년대 말에 시작되어 지속된 신자유주의 시대의 서구에서 정치적 기존 질서에 대한 어떤 종류의 대규모 반대라는 결과로 이어지지 않았던 것은 돌이켜보면 놀랍지만, 신자유주의는 하나의 이념적인 변형이었던 것이고, 그 안에서 사회적 변화와 특히 공동체의 집합적인 작동능력이라는 발상들은 의미심장하게 전이되어 거의 사라져버렸다. 자본주의에 대한 대안을 그리는 것보다는 세상의 종말을 상상하는 것이 더 쉬웠다고들 말하듯이 말이다. 금융위기가 정확히 그것을, 말하자면 새로운 세상을 상상할 수 있도록, 바꾸지는 못했지만 아주 오래 정치를 집어삼켰던 신자유주의의 주문을 깨뜨려주었다. 그리고 2008년 이후 몇 년 동안은 일련의 정치적 전환이나 내적 파열의 장면들이 자국을 남겼다. 브렉시트, 2016년 트럼프의 당선, 프랑스 사회당의 거의 사라짐은 이러한 광범위한 전개를 표현해 주는 것들 중 세 가지일 뿐이다. 몇 년 안에 금융위기는 심각한 정치 위기가 되어버렸고, 그 위기는 특정 정당들뿐 아니라 바로 현대의 정치체계인 지난 150~200년 동안의 서구 국가민주주의의 선거와 정당의 체계를 위협했다. 파시즘은 이런 전개 상황에 맞서고 부인하면서 동시에 인종차별적 공포와 폭력적 배제를 자원삼아 붕괴된 정치권을 동원하려는 역설적인 시도다. 이것은 자본주의 통치의 (물질적 기반의) 느린 악화를 막으려는 (이념적) 시도이다.

40년의 일방적인 계급투쟁 후에 금융위기가 거리로 쏟아져 나온 방식은 대규모 점거, 시위, 폭동이었고, 고소득 국가와 저소득 국가가 마찬가지였다는 것은 대부분의 사람들에게 놀라운 일이었다. 1980년대와 1990년대 내내 IMF의 구조조정계획은 제3세계 여러 곳에서 식량폭동의 고삐를 풀어놓았고, 1990년대 후반에는 탈세계화 운동이 하나의 전 세계 운동가 전선을 잠시 활성화하기도 했지만, 오래 지속된 것은 거의 없었고 대중의 기반을 동원하지 못했으며 기존 현상에 어떤 실질적인 도전도 할 수 없었다. '역사의 종말' 담론 전체가 신자유주의적인 부의 이전과 자본주의 권력의 회복에 권리를 주려는 시도였을 뿐 아니라 하나의 이념적 전환의 증상이었고 또 조직하고 저항하는 이전 양식들의 거의 사라짐이기도 했다. 광장 점거 운동, 대치, 폭동은 그 상황과의 부분적인 단절이었고, 새로운 시대의 혼돈된 시작이었다. 거리시위가 되돌아왔고 신자유주의적 현상유지는 도전받았다.

금융위기를 해결하지 못하는 국가들의 무능이 만천하에 드러났다. 이미 심각한 타격을 입은 복지체계의 삭감에 뒤따른 은행의 긴급구제는 금융위기를 진짜 정치문제로 변형시킨 최종 요소가 되었다. 무엇이 사실상 훨씬 깊은 경제위기인지를 가시적으로 만들어주었기 때문이었다. 이제 금융위기는 정치 위기의 형태가 되어버리고, 정치인들에 반대하는 대단히 큰 시위와 폭동뿐 아니라 다른 종류의 정당들이 출현했다. 그 정당들은 역설적으로 정치적 정당으로서 정치에 반대하는 시위를 했다. 여기에는 스페인의 포데모스Podemos와 그리스의 시리자 같은 운동 정당뿐 아니라 파시스트 정당도 포함되었는데, 파시스트 정당들은 그 체계에 반대하여 저항하면서도 자본의 이익을 보호하며, 상상 속 과거의 질서 회복을 약속했다.

그 모든 시작은 물론 2011년 1월과 2월 튀니지와 이집트에서 시위자들이 거리로 나섰을 때였고, 몇 주 안에 놀랍게도 그저 평범한 지역민들이 수십 년 동안 그 나라를 움직여온 폭군인 벤 알리Ben Ali와 무바라크Mubarak를 실각시켰다. 두 경우 다 경제상황 악화와 식량가격 상승 때문에 사람들이 서방의 지원을 받는 강력한 체제에 반발하고 맞선 것이었다. 그 시위들은 그 체제와 그 지도자의 부정부패에 명시적으로 반대했다. 그 시위들은 남유럽으로 퍼져나갔다. 거기서는 긴축정책이 지역주민들에게 대가를 치르게 하고 있었기 때문이다. 그 시위들은 특히 그리스와 스페인에서 탄력을 받았다. 정치계급의 무능함이 국가경제의 방향키를 쥐고 악화시키는 것에 사람들이 분노하여 충격적인 숫자의 사람들이 광장을 점령하고 '당장 진짜 민주주의Real Democracy Now'를 요구했다.

시위는 전 세계 도시로 급속히 퍼져나가서, 2011년 이래로 시위, 폭동, 대립이 어느 한 도시나 국가에서 갑자기 나타났다가 몇 달 후 사그라들다가 나중에 다시 다른 곳에서 확 피어오르는 불연속적인 패턴으로 지구 위를 가로질러 움직이는 것을 볼 수 있었다. 시위들은 밀물과 썰물이 있어서 처음 고점에 오른 것은 2011년이고, 2013년에 다시 한 번, 그리고 2016년과 2019년에 고점이 있었다. 그 이전 40년에 비하면 2011년 이래로 시위와 봉기는 수적으로 극적인 증가를 보였다.[10] 코로나 19 팬데믹이 처음에는 새로운 시위 주기를 끝낸 것처럼 보였지만, 2020년 초여름의 조지 플로이드George Floyd 시위는 그렇지 않다는 것을 보여준다.

시위 간에는 물론 많은 차이가 있지만, 정부와 정치계급을 거부한다는 점에서는 연대해 왔을 뿐 아니라 또한 서로를 명시적으로 언급했다. "타흐리르에서 오클랜드까지 연대하자Solidarity from Tahrir to Oakland"[ⓐ]라는 구호처럼 말이다. 그 시위들은 또

....

ⓐ 2011년 10월에 캘리포니아 오클랜드에서 줄줄이 일어난 점령운동 시위 도중 24살 스콧 올슨(Scott Olsen)이 최루탄을 머리에 맞아 사망한 것에 대하여 수천 마일 떨어진 이집트의 '아랍의 봄' 시위자들이 그 같은 주초에 군사법정

한 광장을 점거하고 다양한 종류의 집회방식을 실험한다는 점에서 집합적인 뚜렷한 수법들을 이용했다. 점기들, 봉기들, 대치들, 폭동들이 하나의 인상적인 흐름으로 합쳐졌다. 아랍의 봉기, 스페인과 그리스의 광장점거로부터 2011년 여름의 런던폭동과 같은 해 가을 미국의 점령Occupy 운동까지, 그리고 2년에 걸친 칠레 학생동맹휴학 운동, 이스탄불의 게지 공원Gezi Park 시위, 2013년 여름의 브라질의 무임승차Free Fare 운동에 이르기까지 그랬다. 그 흐름이 다시 시작된 것은 2014년에 "흑인의 생명도 소중하다Black Lives Matter" 운동이 나타났고, 홍콩에서는 시위대가 거리로 나섰으며, 파리에서는 레퓌블리크République 광장이 점거되었고, 북아프리카와 중동에서 새로운 시위가 시작되었을 때였다. 2011년 이후의 시기는 확실히 폭동의 시대였고, 시대가 되어버렸다.

시위와 폭동의 성격은 정치인에 대한 불타는 증오로만 묘사될 수 있는 성격을 지녔다. 이것은 북아프리카 국가들뿐 아니라 유럽과 아메리카에서도 마찬가지였다. 시위자들은 은행을 살리고 사회에 비용을 전가하려는 정치인들의 자발성에 경악

에 구금되었다가 고문 받아 죽은 것으로 알려진 24살 에삼 아타(Essam Atta)의 사망과 연결시키면서 연대할 것을 촉구하는 구호로 등장했다. "이집트에서 월스트리트까지, 두려워 말라, 전진하라."

했다. 지역의 차이를 넘어 시위자들은 정치에 대한 전 지구적 거부를 분명히 표명했다. "그들 모두 떠나야 한다Que se vayan todos", "국민은 체제몰락을 원한다Ashsha'b yurid isqat an-nizam"라고. 긍정적인 요구는 거의 없었다. 시위자들은 일차적으로, 무엇보다도 반대했다. 정부에 대한 반대, 즉 정부가 국민을 희생시키면서 특혜를 누리고 있다고 인식되는 정치-경제 시스템 전체에 대한 반대였다. 시위자들은 정치가 비지니스와 금융으로 녹아들어감을 거부했고 부정부패 종식을 요구했다. 정치인들은 금융기관, 은행, 신용평가사, 그리고 최고부유층을 편들어가면서 더욱 더 눈에 띄게 더 실망시키는 체계의 일부였다.

거리의 수많은 군중과 폭동, 데모는 긴축과 악화된 생활여건에 반대하는 절박한 정치적 몸짓이었다. 그 운동들은 정부의 위기대응에 대한 반발이었다. 따라서 그 비판은 정치와 정치체계에 대한 거부의 형태를 띠었지만, 그 초점을 일터에서의 갈등으로 전혀 옮겨놓지 못했다. 그 비판은 여전히 정치에 반대하는 정치적 몸짓에 머물렀다. 격분한 대중은 국가와 국가의 무능력한 위기대처에 초점을 맞추었다. 그것은 위기의 가속화를 막기 위해 경제에 돈을 투입하는 것과 공공지출을 절감하여 신용평가 기관들을 만족시켜야 하는 것 사이에서 찢어진 국가민주주의에 대한 거부였다. 거리에서 표현된 극적인 정치

적 갈등을 무대 위에 올릴 수 있는 파시즘의 폭력적 국수주의의 재정치화의 길을 놓아주었다. 2020년 봄, 세계적 팬데믹이 온 세상을 휩쓸 때 대부분의 국가가 감염된 환자들에 제대로 대처할 줄 모른다는 무능이 노출되었지만, 인종차별적인 설명들은 이미 준비되어 있었다.

10년간의 시위와 폭동들이 위기관리를 변화시킬 수는 없었지만, 현대정치에 생긴 거대한 동공洞空을 인식하게는 해주었다. 심지어 시위자들 중에는 정치 자체에 반대하거나 신자유주의의 제멋대로의 생각(doxa, 억견)에 반대하여 빈 무대를 이용하려고 정치에 입문하는 자들도 생겼다. 그리스와 스페인에서 포데모스와 시리자는 시위 순간의 탄력을 이용해서 안정된 일자리의 개혁주의 프로그램과 유럽연합이 강요하는 긴축에 대한 거부를 착수하려고 했다. 그러나 신자유주의 억견이 위기를 해결할 수 없음이 입증되었어도 국민을 위한 작은 조정의 여지조차 만들 방법은 없었다.

신당 선변이난 매튜 이너운 딜밉이 뻐밍피있며 시때지! 2015년 1월에 압승했지만 1년도 되지 않아 시리자의 '반란 정부'늠 트로이카(troika[a])가 내놓은 가긴득에 굴볼히고 동의해야

---

[a]   유럽위원회(EC)와 유럽중앙은행(ECB)과 국제통화기금(IMF)에 의해 만들어

했다. 그리스 유권자들이 소리 내어 올린 '반대'가 '물론, 찬성'
으로 변했다. 모든 것이 똑같았다. 운동정당들의 소란스러운
궤적은 일차적으로 의회정치의 파산을 증언해 주었을 뿐이다.

이런 전개는 탈정치post-politics, 탈민주주의post-democracy, 합
의 같은 용어로 기술되어 왔다.11 이렇게 기술된 것 모두 정당
정치가 참여 및 정치적·이념적 차이 면에서 점차로 텅 비어가
고 있음을 지적해 준다. 장기간 경제에서 전개되어 온 탈산업
화, 성장둔화, 막대한 신용 도입이 결과적으로 거의 50년 동안
정치를 위한 조건을 정해버렸다. 그 귀결이 정치의 후퇴였고,
피터 매어Peter Mair의 용어를 빌리자면 정치의 동공화hollowing였
다.12 1850년대 이래로 계속 대중정당들이 권력을 놓고 경쟁
하고 국가적 맥락에서 자본-노동관계를 협상함으로써 그 성격
이 규정되었던 근대 정치가 신자유주의 반혁명 동안에 다른 무
언가로 변했다. 정치가 사업을 위한 기술 관료의 통치가 되어
버렸다.

19세기 후반에 노동계급의 거대 정당들이 등장하면서, 정
치는 다양한 계급 선거구를 가진 정당들이 사회운영이나 변혁

진 단일 결정체로서, 2007-2008년의 세계금융위기로 인한 키프로스, 그리
스, 아일랜드, 포르투갈의 예상되는 채무지불불능의 후유증에 대해 그 국가들
의 긴급구제를 관리하는 권한을 가지도록 즉석에서 형성된 집합체이다.

을 바라보며 득표 경쟁을 하는 대중정치가 되었다. 노동자운동과 그 운동의 다양한 정당들이 자본주의가 타협하도록 위협했지만 두 차례의 세계대전과 수백만 명의 학살 후에야 겨우 그 타협을 이룰 수 있었다. 1900년부터 1945년까지의 세계대전들은 제국주의 경쟁자들 간의 일이었을 뿐 아니라 계급투쟁의 문제였으며, 노동자운동에 위협받는 위기에 처한 자본주의 체계에 관한 문제이기도 했다. 파시즘의 패배와 함께 자본은 마침내 노동과 타협했고, 1945년 이후 소비자 사회가 확립되었다.

제프 엘리Geoff Eley가 쓴 것처럼 민주주의가 부르주아지에게 강요되었다.13 전쟁에서 승리하면서, 파시스트의 자급자족 제국의 꿈을 꺾고 등장한 자유주의적, 국민적, 민주적 의회체계로 노동계급 운동이 통합되었다.

전후 경제호황에서 노동자들은 정치적 대표성, 문화와 교육, 그리고 더 저렴한 상품을 얻을 수 있었다. 케인스주의와 포드주의의 타협이 부르주아지에게 가장 '즐거운' 때 이루어졌다. 우리가 염두에 두어야 할 것은 소수의 노동자들만, 즉 지배국가들에 있는 노동자들만 그 타협의 혜택을 실제로 거두었다는 것이다. 조지 잭슨이 썼듯이 파시즘은 패배했지만 또한 통합되어 들어갔고, 엄청난 성장률 덕분에 국가 노동계급의 (인종적으로 백인인) 일부가 '법과 질서'를 얻었지만 (백인이 아닌) 나머지는 그 자본주의국가의 '무법'에 종속되었다.[14]

서구에서 노동계급의 큰 정당들은 1945년부터 권력에 접근할 수 있었고, 겸손하게 반응하고, 자본주의 사회의 대규모 변혁에 대한 어떤 언급도 피하면서 타협의 성격을 존중했다. 사회주의 정당들은 대중을 평화롭게 만들 수 있음을 보여주면서 스스로 사회적 행위자에서 국가 행위자로 변모했다. 이 시기는 자본과 서구 노동계급 둘 다에게 황금기였다. 집중적인 축적 그리고 대량소비의 시기였다. 경제가 확장되는 한, 좌파와 우파 정당은 번갈아가며 국가경제를 조정하고 자본의 지배를 완화하거나 가속화했다. 하지만 이 모든 것은 경제가 1960년대 말 위축되기 시작했을 때 변했다. 지배계급은 신자유주의로 대응했고, 그것은 전후의 임금 생산성 거래를 역행시킨 위험한 계급들에 대한 무자비한 공격이 되었다. 더 높은 임금으로 전환될 수 있을 어떤 생산성 이득이 더 이상 없었다. 한동안 신용은 옛 중심들에 있는 일부 노동자들이 받는 타격을 완화하는 데 도움이 되었지만, 많은 노동자가 버림받거나 투옥되거나 빨리, 더 빨리 달리도록 강요되었다. 식탁에 음식을 올리려면 동시에 여러 가지 일을 해야 했다.

신자유주의로의 전환은 모든 것을 포괄했고, 단기간에 정부의 '책임 있는' 큰 정당들이 모두 성장을 회복하기 위해 비용 절감 프로그램에 동의를 표했다. 1981년 프랑스 대선에서 승리한 미테랑Mitterrand의 심경 변화가 그것을 말해주고 있다. 그는 국유화 및 공공지출 프로그램을 가지고 선거운동을 했지만, 집권 2년 후 프랑스 경제의 경쟁력 유지 필요성을 언급하며 이른바 긴축으로의 전환tournant de la rigueur을 취했다. 구조적인 경제적 제약이 케인스주의적 타협의 가능성을 서서히 제거했고, 1990년대에 모든 서유럽 사회주의 정당들은 신자유주의만이 가장 괜찮다는 결론에 도달했다. 블레어Blair, 슈뢰더Schröder, 뉘르프 라스무센Nyrup Rasmussen, 올랑드Hollande 등 모든 사회민주주의 지도자들이 이에 동조했다. 배신당한 약속의 40년, 이것이 유럽 사회주의 정책의 교훈이다.

많은 국가에서 사실상 사회주의 정당과 좌파 정당이 사회국가를 해체하고, 금융시장 규제를 풀고, 자본과 상품의 자유유통을 가능케 하고, 노동법을 해체하는 등 가장 멀리까지 나갔다. 좌파 정부가 주요 개혁과 삭감에 대한 지지를 얻기 더 쉬운 경우가 자주 있었다. 예를 들어 덴마크의 사회민주당 정부는 2014년에 국영 에너지회사의 큰 지분을 골드만삭스에 팔았다. 그리고 프랑스에서는 라이오넬 조스팽Lionel Jospin과 올랑드가 알랭 쥐페Alain Jippé와 사르코지Sarkozy가 할 수 없었던 것, 즉 민영화와 단체협상 분산작업을 해냈다. 이런 전개는 사실 모든 주요 정당들이 결국 신자유주의가 되어버렸음을 의미했다. 그러므로 좌파, 중도 좌파, 중도 우파 또는 우파 정당을 구분하기가 점점 더 어려워졌다. 그들 모두 결코 구체화되지 않는 '경쟁력'을 확보하려는 하나의 견해를 가지고 동일한 경제정책을 추구했기 때문이다. 경제는 더욱 악화될 뿐이었고 더 많은 긴축이 필요해졌을 뿐이었다.

이러한 전개가 대중정치를 서서히 동공화해 왔음은 정말 놀랄 게 없다. 이것은 신자유주의 시대 동안 모든 서구국가의 선거투표율이 점점 더 낮아지는 데서 눈에 띈다. 특히 1990년대와 2000년대에는 이 추세가 가속되었다. 대중의 참여 감소는 오래된 거대 정당들의 당원이 계속 감소하는 데서도 드러난다. 그들은 그저 더 이상 일반시민을 끌어들일 능력이 없다. 메어Mair는 이를 조직화된 정당정치의 실패라고 부른다. 그 결과 정당과 유권자 사이의 간극이 넓어지고, 유권자들은 각 정당들의 차이를 말하기 어려운 시대를 살고 있다. 사회민주당이 노동자에게 가장 가혹한 정당이라면 왜 그들에게 표를 주겠는가? 자신이 지역 노동계급을 보호하고, 외국인 노동자를 막고, '진짜' 선거구민에게 권력을 돌려줄 거라고 말하는 사람에게 왜 표를 주지 않겠는가?

정치와 금융, 비즈니스 사이의 공간이 점점 더 좁아진 것이 정당 차이의 해소에서뿐 아니라 정당들의 변화된 기능에서도 명백해져 왔다. 정당들의 기능은 점점 더 정치인들이 더 나은 보수를 받는 다른 직업을 얻기 위한 발판이 되어가고 있다. 정당, 미디어, 컨설팅회사, 금융 부문이 하나의 연속체를 이루면서, 유권자의 영향력 바깥에서 정치인들은 비즈니스를 위해 개혁하는 별도의 한 세계가 된다. 정치의 이 점차적 변형, 즉 공허한 약속과 끝없는 희생과 소수 엘리트에게로의 엄청난 부의 이전에 반대한 것이 바로 2011년부터 계속된 튀니지, 이집트, 스페인, 그리스, 아일랜드, 영국, 이스라엘, 미국, 캐나다, 칠레, 터키, 브라질, 보스니아, 우크라이나, 홍콩, 프랑스 등지에서의 수많은 시위, 폭동, 점령 운동들이었다. 그리고 그 운동들의 목록이 이어지고 있다. 결국 민주주의가 '민중demos 부재'를 의미하게 되어버린 곳에서 정치와 비즈니스의 합병이 금융위기와 더불어 완성되었다. 그 위기에 거품은 터지고 정부들은 이전처럼 그냥 지속할 뿐 이미 40년 동안 이어진 경기 둔화의 가속화에 맞서 새로운 해결책을 내놓을 능력이 없었다.

무질서

반정부 시위들은 그러나 정책변화를 강제할 수 없었다. 시위들이 부패와 긴축을 비판하면서 해냈던 것은 신자유주의 정치와 국가민주주의 체계의 파산을 폭로한 것이다. 그 위기에 대한 "정치적" 해결책인 것처럼 보이는 것은 없었다. 매번 정치체계가 어떤 개혁주의 프로그램이 권력경쟁을 할 수 있을 것처럼 보이게 할 때마다, 버니 샌더스Bernie Sanders나 제레미 코빈Jeremy Corbyn의 사례처럼 그 선을 넘는 데 처참하게 실패하거나, 아니면 시리자의 경우처럼 신자유주의 신조에 적응하도록 강요받았다. 동공화된 그 체계를 좌편향 정당으로 채우는 것은 불가능했다. 대신 파시스트 정당들이 그 장에 들어왔고 자신들이 정치의 빈 무대를 훨씬 더 많이 가동할 수 있음을 보여주면서 이민자들을 희생양으로 삼고, 더 나았다고 [상상되는] 어제를 떠올리게 했다. 양극화가 통합을 대체해 버렸다.

신자유주의의 축적체제는 위기에 처해 있지만 유일하게 쓸 수 있는 정치 프로그램으로 계속된다. 그것은 마치 부르주아지들이 감세와 긴축을 한 번만 더 하면 성장을 회복하고 세계경제나 지역경제가 활성화될 거라고 생각하는 것과 같다. 금융위기는 1970년대에 시작했던 불완전한 구조조정이 경기둔화, 노동계급 및 탈식민의 저항에 직면했음을 노출시켰지만, 지배계급의 상당 부분들은 이윤 회복 불능으로 오랫동안 판명되어 온 프로젝트를 계속 고집한다. 더구나 그 프로젝트는 사회의 재생산 능력을 약화시키고 지구와 생물권을 파괴하는데 말이다. 많은 국가에서 지배계급이 주민의 승인을 얻는 것이 점점 더 어려워지고 있다. 브렉시트와 2016년 트럼프는 그 상황을 표현해 준다. 동의의 물질적 기반이 사라져버렸다. 그리고 오래 전에 자신을 버렸다고 느껴지는 체계에 반대하는 표를 던질 뿐 아니라 점점 더 많은 개인이 거리로 나오기 시작하고 있다. 프랑스의 '노란 조끼 입은 사람들Yellow Vests'이 적절한 사례다. 이전에는 정치시위에 참여하지 않던 수천 명의 사람이 갑자기 도로와 주유소를 막고 샹젤리제 거리를 이리저리로 정신없이 뛰어다닐 수밖에 없다고 느꼈다. 사회적 재생산을 끊임없이 긴축함은 결과적으로 신자유주의 패권을 무너뜨렸고, 정치는 반란진압작전으로 변모하고 있다.

그 혼돈에 지배계급 내부의 심각한 갈등이 더해지고 있다. 정체된 수익률이 자본가계급을 부서뜨리고 있으며, 국가로부터 직접 지원금을 받기 위한 싸움이 치열해지고 있다. 부르주아가 공동의 프로젝트를 중심으로 연합하기란 점점 더 어렵다. 위축하는 경제가 풀어놓아 버린 것은 아직 창출할 수 있는 작은 이득을 위한 싸움뿐이다. 부르주아지의 분파들이 서로 싸우고 있지만, 어느 누구도 이득을 회복할 수 있는 계획이 있는 것 같지 않다.

독재적 자본주의와 반란-진압

신자유주의 전략들의 실행이 계급갈등과 사회적 자유의 중재자로서의 국가의 역할에 변화를 가져왔음은 놀라운 일이 아니다. 국가는 여러 방식들로 사회적 영역의 "치안을 유지한다". 이러한 치안에는 민간 행위자들이나 시민사회 행위자들에게 위탁될 수 있는 다양한 종류의 통제와 평가가 포함되지만, 물론 더 억압적인 수단의 형태를 취하기도 한다. 후기 자본주의 국가는 시민의 반란을 방지하기 위해서 시민을 등록하고 감시하는 모순된 임무를 지닌다. 말하자면, 국가는 시민들을 계속 만족시키고, 잠잠하게 만들고, 수동적으로 만들어야 하지만, 또한 노동시장에 그들을 동원하고 때에 따라서 선거에는 나오도록 해야 한다. 진정시킴과 동원함이 있다. 경제가 위축되고 있다면, 국가는 주민의 잉여 부분을 통제해야 한다.

위축하는 경제와 신자유주의적 구조조정은 위기 과정들을

풀어놓았고 그 과정이 전후 사회국가의 기반을 침식할 뿐 아니라 지배질서를 위협한다. 사회국가는 계급갈등을 무감각하게 만들거나 꺾어버릴 수 있었다. 우리는 지금 다른 상황 속에 있다. 점점 더 많은 사람들이 경제에 진입하지 못하거나 악화된 경제를 견디고 있다. 전후 패권은 그러므로 침식되고 있으며, 위험한 계급들에 대한 더 강력한 통제로 어쩔 수 없이 되돌아가고 있다. 신자유주의의 승리(실제로는 극복되지 않고 악화되었을 뿐인 위기)는 정치계급이 이전 시대에 노동계급을 진정시켰던 바로 그 제도적 중재들을 삭감하도록 강요해 왔다. 그러므로 노동계급은 빠르게 위험한 계급이 되어가고 있다. 이런 전개는 정치체계의 재생산에 도전하고 있으며 국가의 독재적 측면 증강을 필연적인 것이 되게 한다.

거의 모든 곳에서 이것이 보인다. 조지 플로이드 시위에 대한 트럼프의 반응은 결코 하나의 일탈이 아니라, 그 반대로 이미 지속적인 어떤 전개의 연속선상에 있는 것이었다. 아프리카계 사람에 관한 유엔 전문가 실무그룹UN Working Group of Experts on People of African Descent은 2016년의 한 보고서에서 미국 내 아프리카계 미국인에 대한 경찰의 잔혹함에 관해 "극히 우려된다"고 했다. "현재 경찰에 의한 살해와 그로 인한 트라우마는 과거의 인종차별 테러인 린치를 연상시킨다."[15] 마이클 브라운Michael Brown, 에릭 가너Eric Garner, 타미르 라이스Tamir Rice 및 기타 살해당한 수많은 희생자들은 저항에 동력을 주었고, 오바마의 두 번째 임기 동안 전국적인 언론보도가 있었다. 그러나 살해가 계속되었고 부당한 구금, 경찰의 괴롭힘 및 폭력도 마찬가지로 계속되었다고 그 보고서는 진술했다. 그 보고서는 2014년 미주리주 퍼거슨Ferguson에서 일어난 폭동을 언급하면서 경찰의 잔혹함은 "경종을 울리는 수준에 달했다"고 결론을 내렸다. 그때 경찰이 마치 전쟁을 치르듯이 시위대들을 다루었으며 이라크와 아프가니스탄 전투에 사용되었던 군 장비를 사용했다고 한다. 어떤 의미에서 트럼프는 이미 사실인 것을 가시화했을 뿐이다. 말하자면 인종차별적 치안 유지는 미국 정착민 식민제국의 (또한 어떤 국가의 형태에서든) 한 핵심 원칙이다.16

국가는 언제든지 법을 유예할 수 있지만, 지금 진행 중인 독재적 전환의 시작은 9/11 테러와 이스라엘 방위군Israeli Defence Force: IDF이 점령지역에서 행하는 '분쟁 관리' 방식에서 영감을 받아 대부분의 서방 국가에서 도입한 각각의 테러방지 비상법에로 거슬러 올라갈 수 있다.17 IDF는 점령을 해제할 수 없는 것으로 간주한다. IDF는 사회의 모든 것을 겨냥한 통제체제이며, 전쟁을 하나의 영구한 상태로 변형시킨다. 영구한 그 상태는 군사적 사안에 한정될 수 없고 정치, 대중매체, 입법, 건축 같은 다양한 분야를 통해서 발생한다.

테러와의 전쟁은 보편화된 '비상사태'였고 그 사태 안에서 국가주권은 법을 유예하고 '빈 구멍들'을 만들어냈다. 그 구멍들에 바람직하지 못한 주체들, 즉 법적 권리 시민권을 박탈당한 자들이 놓여졌다. 그 비상사태의 지지를 받은 미국의 조지 W. 부시는 행정부를 공식적인 법적 한계를 넘는 일에 동원했고, 침공, 고문 및 모든 종류의 활동에 관여했다. 그리고 그런 변화들은 외교정책에 대한 문제뿐 아니라 국내의 비상사태를 조성했고 테러로 생각되는 위협을 추적할 권한을 경찰과 군대에게 더 많이 넘겨주게 만들었다. 유럽 논평가들로부터 많은 찬사를 받은 오바마의 대통령직 수행은 부시의 전례를 따른 것이었고, 추방되는 이주민 수를 극적으로 증가시켰을 뿐 아니라 드론 살상 프로그램 확대에도 관여했다.

대부분의 유럽 국가들이 같은 길을 걸으며 '반민주적' 테러법을 시행했고, 그 법들은 정치적 권리를 축소하고 권한을 권력기관에 넘겨주었다. 덴마크에서는 자유주의 우파 정부가 아프가니스탄과 이라크 침공에 참여함으로써 이전의 훨씬 덜 공격적이었던 외교정책 전통을 깨뜨렸을 뿐 아니라, 또 일련의 소위 테러법을 시행하여 특정 용의자의 존재 여부 및 사법적 검토의 가능성과 관계없이 공공기관의 감시권한과 개인 데이터에 대한 접근권한을 급격하게 늘렸을 뿐 아니라, 범죄의 개념을 의미심장하게 확대했다. 한 법학 교수의 평가에 따르면, "형법의 테두리가 다양한 가담 양태를 포함시킬 수 있도록 확대되어 왔다. 테러리스트 활동과 연결되기에는 실제로 아주 거리가 멀지만 테러리스트의 행동을 용이하게 할 수도 있을 것이라는 가설적 위험까지 해당시키는 테두리로 확대되었다".18 그 이후 정부가 바뀌어도 같은 길을 계속 밟았고, 2019년 사회민주당 정부는 테러 혐의가 있는 시민의 시민권을 박탈하기로 결정했다. 반테러법은 단독으로 서지 않고 정치적 권리와 법적 권리를 축소시키는 수많은 다른 수단들로써 보충되어 왔다. 특정한 이유 없이 경찰의 수색을 받는 검문소, 그리고 코펜하겐의 소위 비서구 이주민이나 이주민 자녀로 과잉 대표된다고 여겨지는 지역에 대한 처벌강화가 그런 것이다. 2020년 4월 정부는 코로나19 팬데믹과 어떻게든 관련이 있는 범법행위라면 형량을 두 배로 늘릴 수 있는 법안을 서둘러 통과시켰다.

우리는 '늘 그래온' 방법들이 더 이상 적용되지 않는 상황에 놓여 있다. 지배계급은 자본주의 경제의 모순을 극복할 수 없고 더 많은 '구식' 방법에 의존해야 한다. 사회적 기반과 정치적 정당성 없이 행정명령과 억압에 기대어 지배계급이 경찰을 투입한다. 프랑스에서 이런 전개는 2020년 11월 정점에 달했다. 마크롱이 무장진압경찰에게 경찰봉과 최루탄을 사용하여 파리 동부의 한 난민캠프를 철거했을 뿐 아니라 경찰관의 행위를 촬영할 권리를 제한하는 법안을 통과시키려고 시도했던 것이다. 그 난민캠프 급습은 마크롱이 공격적으로 이슬람 혐오 연설을 한 후에 일어났다. 그 연설은 마린 르펜Marine Le Pen이 할 법한 연설로 지하드와 이슬람을 혼용하면서 무슬림을 프랑스 공화국의 적으로 제시하고, 이주민이 테러 행위에 가담한다고 말하면서 이주를 테러로 표현했다. 마크롱은 "이슬람은 전 세계에 걸쳐 위기에 놓인 한 종교"라고 말했을 뿐 아니라 "급진적인 유혹에 전염되어" "지하드를 재창조하여 타자의 파괴를 열망"한다고도 말했다. 내무부 장관 제랄드 다르마냉Gérald Darmanin에 따르면 경찰행위 촬영제한 법안이 발의된 이유가, "경찰이 충분히 보호되지 못하고 있다"는 것이었다. 이 법안은 노란조끼 운동에 대한 아주 잔혹한 탄압 후에 나왔다. 그때 시위자들 중 수백 명이 경찰과 충돌하여 중상을 입었고 예닐곱 명이 사망했는데, 그 사건은 수십 년 동안 경찰에게 군사적으로 통제를 받아온 프랑스 젊은 이민자들에 대한 무자비한 치안 감시의 확대를 의미한다. 이제 군대처럼 중무장한 경찰력이 사회의 더 큰 부문들을 통제하는 것이 필수적이다. 계급 타협의 여지는 점점 줄어들고 국가는 그 폭력의 단계를 높인다.

경찰 운영방식은 미국, 프랑스, 덴마크, 영국에서 큰 차이가 있다. 영국에서는 소위 '경찰, 범죄, 선고 및 법정 법안Police, Crime, Sentencing and Courts Bill'이 2021년 3월 의회에서 급히 통과되어 영국에서의 시위를 훨씬 더 어렵게 만들었다. 그러나 모든 곳에서 경찰이 군대화되고 점점 더 치명적인 방법들을 사용함을 보게 된다. 파시스트의 영역이 확장되고 있다. 이 전개가 실제 경찰체제에 덧붙여지는 것은 구체적인 사건들을 처리하기 위해서뿐 아니라 위기의 결과인 고조된 사회적 긴장을 관리하려는 의도에서다. 이 전개는 엄격히 법적인 결과를 초래할 뿐 아니라 사회 전체에 영향을 미친다. 사회의 기초와 상부구조 둘 다에 영향을 미치며 내부와 외부의 구분이 없어지는 성격을 지니게 된다. 새로운 경찰체제는 위로부터의 침입, 점령, 학살과 '국내'에서의 억압적인 보안조치의 시행에 모두 관여한다. 보안조치들은 시민권 정지의 형태를 취하고, 이전에는 허용되었던 유형의 정치적 시위가 이제는 국가에 의해 테러리즘이라는 틀에 갇혀 범죄화되고, 시위자 살해라는 형태를 취한다. 우리가 직면하고 있는 것은 반란이 일어날지도 모른다는 가정하에 선수 치는 체재의 도래다. 그 체제의 논리는 우리가 테러리즘에서부터 기후재앙, 폭동에 이르는 불가피한 다양한 위협들을 마주하고 있는데, 그 모든 것을 피할 수는 없지만 어떻게든 관리할 수 있다는 것이다. 그리고 가장 중요하게는, 그 모든 위협이 자본과 국가의 형태에 작별을 고하는 것으로 전개되도록 허용될 수 없다는 것이다.

2장
파시스트 스펙터클

오늘날의 파시즘을 이해하려면 그 분석을 좁은 정치적 초점을 넘어서 확장시켜야 한다. 파시즘은 외국인 혐오의 정치 지도자들의 등장과 폭력적 정치체제의 시행 그 이상이다. 파시즘을 단지 정치인들과 정치기관들에 대한 물음, 누가 정부에 있고 누가 없는지, 누가 선거에서 이기고 정부를 구성하는지의 물음으로 보는 것은 파시즘이 이미 일상생활에 얼마나 깊이 침투해 있는지에 눈감고 있는 것이다. 파시즘은 가령 국민연합Rassemblement National,[a] 레가Lega,[b] 피데즈Fidesz,[c] 트럼프, 보우소나루 같은 특정 정당들과 정치인들을 초월하는 하나의 문화적 논리 또는 애정이다. 결국 이 새로운 종의 정치인들은, 물론 트럼프도 포함해서, 이상하게도 탈-정치적post-political으로 나타난다. 어쩌면 이들을 어떤 심각한 위기의 문화적 징표로 해석하는 것이 더 맞을지도 모른다. 그 위기가 전통적인 정치를 동공화하거나 그 게임을 정체성이 더 중대한 역할을 하는

[a] 2018년까지 국민전선(National Front)으로 알려졌던 프랑스의 극우정당이며 현재 의회에서 가장 큰 야당이다. 2002, 2017, 2022 대선에서 이 당의 후보자가 2차 결선투표까지 진출했다.

[b] 이탈리아의 우익 대중정당으로 공식명칭은 Lega per Salvini Premier (LSP)이고 2017년 결성되었다.

[c] 헝가리의 우익대중 민족보수 정당이며 1988년 청년민주주의자 연맹이란 이름으로 결성되었다. 그 당시 지배하던 마르크스 레닌주의 정부에 반대하는 중도 좌파적 자유주의 운동으로 출발했다.

다른 지형으로 옮겨놓고 있다는 징표들일 수도 있다.

양차 대전 사이의 파시스트 독재자들과 후기 자본주의 파시스트 지도자들이 실제로 딱 들어맞는 것은 아니다. 그러나 트럼프 같은 사람이 무턱대고 정치에 접근한 방식도 '정상적인 민주주의' 정치인들의 오랜 전통과는 맞지 않다. 이 변화들은 문화적 현상까지 분석 영역을 확대한 새로운 분석을 필요로 한다. 파시즘은 마치 우리 시대의 하나의 정서, 문화적인 한 증상, 느낌의 한 구조와 유사한 무엇인가이다. 변두리로부터, 즉 웹사이트, 온라인 포럼, 소셜 미디어상의 의회 바깥 네트워크로부터, 저속한 유감스러움과 인종차별적 발언들에 대한 주류 미디어의 집착적인 교정으로부터, 밀려나 등장하는 거의 시대정신Zeitgeist과 같다.

후기 자본주의 파시즘은 잃어버린 민족공동체를 재창조할 수 있다고 주장하면서 사회의 모조품을 무대에 올리는 데 특히 능란함을 보여왔다. 트럼프, 보우소나루 등 많은 사람이 디자이너이자 브랜드를 만드는 자가 되어 부서진 공공영역을 지배하고, 대중의 느낌을 중재하고 재설계하면서 공개적인 혐오발언과 모호한 혐의들로 암호화된 말들을 결합시킨다.

후기 자본주의 사회는 부서진 사회인데 이미지, 로고, 거짓약속, 빠른 정체성 수정이 한데 뭉쳐 있다. 대중의 정치참여는 더 이상 수백만 명의 조합원이 있는 노동조합, 정당 신문, 주간 독서 클럽을 통해서 이루어지지 않고, 번개모임flash mob[a]이나 순식간의 거리시위들로 이루진다. 토론하거나 참여할 공적 영역이 없다. 모든 것이 금방 잊히는 거짓 진실이나 어리석은 유행으로 뭉쳐진다. 이것이 바로 현재의 파시즘, 온라인 혐오, 개구리 페페, 외로운 늑대들의 세계이고 도덕적 공황을 가속시킨다.

후기 자본주의 파시즘에 대처하기 원한다면 바로 이 광범위한 징후들, 증상들, 해로운 형태들을 분석할 필요가 있다. 파시즘은 '파시스트 정당이 언제 선거에서 우위를 점할 것인가?', '극우 정당을 막기 위해 무엇을 할 수 있는가?', '그들이 정계에 출마하지 못하게 해야 하는가, 아니면 그 대신 파시스트의 돛에서 바람을 빼고 그들을 달래야 하는가?'와 같은 정치적이고 제도적인 질문들로 환원될 수 없다. 대신 파시즘은 미디어가 유도한 대중정서와 집합적인 성향들 및 '법과 질서'를 부르짖고 외국인을 배제하는 것에서의 정치적 계산이 복합적으로 수렴된 것임을 이해하려고 애써야만 한다. 후기 자본주의 파

....

[a] 이메일이나 SNS를 통해 사람들이 한 장소에 동시에 모여 잠시 어떤 일, 보통 재미있거나 웃는 일을 한 뒤에 흩어지는 것

시즘은 오랜 경제위기로 인해 누적된 불만과 자본주의에 잠재된 일반적인 갈등을 바탕에 둔 불만에 대한 하나의 경고음이다. 이 파시즘의 자리에서 '우리-국민'은 복수를 요구한다. 그리고 대신 자리를 차지한 사람들, 주로 이주민과 소수자들 및 새로 세워진 이념인 '민족 원原공동체'에 속하지 않는 여타 집단들을 맹렬히 비난한다.

파시스트 대중 정치

후기 자본주의가 직접적인 정치적 현상이라기보다는 문화적 현상에 더 가깝다는 것은 어쩌면 도널드 트럼프라는 이상한 인물에게서 특히 분명해진다. 오늘날의 파시즘에 대한 어떤 분석도 그의 깜짝스러운 등장, 그의 2016년 대선 선거운동, 그의 선거 승리, 미국 제44대 대통령으로서의 그의 재임 4년, 그리고 2020년 조 바이든에게 근소한 차이로 패배한 것을 설명해야만 할 것이다. 그리고 그가 바이든의 승리를 인정하지 않고 거부한 것, 바이든과 카멀라 해리스Kamala Harris의 취임을 완성시키는 절차를 막기 위해 국회의사당 건물을 짓밟도록 무장자경단을 부추긴 것도 설명해야 한다. 트럼프는 현재 파시즘의 모순된 성격의 전형을 보여준다. 그는 인종차별적 오류들을 내뱉고, 프라우드 보이즈Proud Boys[a] 같은 중무장한 국수주의 집단에게 손짓하며, 표식 없는 국경경비대를 보내 인종차별반대 시위자들을 납치한다. 그러나 또한 어떤 강력한 파시즘 운동 없이도 운영하고, 자신이 실행하겠다고 장담한 계획들을 재빨리 취소하고, 정치적 반대자들에게 양보하고, 역사적 파시즘에 관해서뿐 아니라 세계의 역사는 물론이고 미국 역사 대부분에 관하여 전혀 모르는 것처럼 보인다.

트럼프는 "우리는 1950년대 출신이다"[b]라는 이미지를 꾸며내어서 미국 대중문화 속에 있는 깔려 있는 인종차별을 통로로 삼는 데 특히 능하다. 그러나 지난 10년 동안 등장해 온 각기 다른 파시스트 지도자들 모두에게서 그 이미지의 지역적 변형을 볼 수 있고, 그것 모두 아도르노가 "굴욕으로 구성한 형제애"라고 일컬었던 것이 되어버렸다.1 예를 들어, 살비니

---

[a] 2016년 구성된, 북미 극우 신파시스트 군사적 조직이며 정치적 폭력을 조장하고 행한다. 그 집단 지도자들은 헌법에 규정된 대통령 권력이양을 포함하여 미국정부에 폭력적으로 반대하는 혐의에 유죄판결 받았다. 거리의 갱으로 불려왔고 캐나다와 뉴질랜드에서는 테러리스트 집단으로 지정되었다. 좌익과 진보 집단에 대하여 반대하는 것으로, 그리고 미국 대통령 트럼프를 지지하는 것으로 알려졌다.

[b] 1950년대는 그 십 년 동안 내내 제2차 세계대전의 후유증에서 계속 회복해 가면서 전후 경제가 확대되었던 시기다.

Salvini는 친근한 카페나 술집 담화로 정치 엘리트와 이주민에 반대하는 집회를 하고, 낙하산부대 출신으로서 지하세계 경비 원 노릇한다고 알려진 브라질 대통령 보우소나루는 여성혐오와 동성애혐오의 장광설을 페이스북에서 뱉어내며, 공산주의 식인종의 유령을 불러오는 한편으로 고문범들을 찬양한다. 이 개인들 누구도 실제로 국민을 대변하진 않지만 모두 공통적인 무언가를 표현할 수 있다. 그리고 그들 모두 대중의 감정과 느낌을 다스리는 규칙에 맞추어준다. 그들 모두 정치는 '합리성', '도덕성', '시민성civicness'에 대한 문제가 아니라 금기를 깨고, 반쯤 정신 나간 분노를 중재하거나, 무의식적 증오에 대중정치 형태를 부여하고, 반쪽 거짓말과 거친 음모와 탈의실 대화를 퍼트리는 일이라고 이해한다. 무너진 정치체계를 하나로 묶을 수 있는 유일한 것은 양극화와 도발뿐이다.

트럼프를 설명하기 위해 그리고 그가 2016년 대선에서 공화당 후보가 되었을 뿐 아니라 힐러리 클린턴을 이길 수 있는 '정치적' 인물로 대단하게 부상한 점을 설명하기 위해 많은 잉크가 소모되었고, 거의 모든 사람이, 언론인과 평론가뿐 아니라 대부분의 학자들까지 놀라워했다. 백악관이나 트럼프 조직에서 일하는 사람들의 수많은 회고록과 증언은 부동산 세일즈맨이자 텔레비전 쇼의 등장인물이 어떻게 대통령이 될 수 있었는지 설명하려고 노력했다.

트럼프의 초상을 그리기 어려운 이유는 그의 정치인생이 매우 모순적이라는 사실에 있다. 그는 특정 이데올로기적 신념에 무게를 두지 않고 명확한 성과에 저항한다. 그는 인종차별주의자이자 여성혐오주의자이며 분노로 가득 차 있다. 그러나 그 배후에는 어떤 명백한 정치적 안건도 보이지 않는다. 그냥 너무 혼합적이고, 더 정확하게 말하자면 너무 피상적이다. 그냥 거창한 제스처, 괴상한 선포, 그리고 파편적이고 대충 작위적으로 뭉뚱그려서 끊임없이 날리는 그의 트위트는 마치 21세기 다다이즘 시 같다. 그러나 이 단어에 적용된 트럼프의 영감은 역사적 아방가르드에서 나온 것이 아니라 스티브 배넌Steve Bannon, 마이클 안톤Michael Anton, 스티븐 밀러Stephen Miller와 같은 전략고문들이 집합적으로 구성한 백인우월주의의 각본에서 나온다.

그러나 트럼프는 전통적인 파시스트 정권의 지도자는 아니었다. 적어도 파시스트 운동이 국가를 장악하거나 대체한다는 의미에서는 아니었다. 트럼프의 운동은 그러기에는 너무 많이 분산되어, 일부는 복음주의 공화당원, 또 일부는 대안 우파, 다른 일부는 불만이 많은 백인 중산층 미국인, 즉 신자유주의 세계화와 금융위기를 맞은 프롤레타리아, 임차인, 자본주의 '희생자들'로 구성된, 계급을 가로지르는 반동적인 블록으로 이루어졌고, 그늘 뒤에 숨은 불법적인 금융 운영에 관여하는 한 룸펜lumpen 자본가에 의해 주도되었다.2 자본가 계급인 프린스-머서-코흐Prince-Mercer-Koch라는 뒤섞인 집합, 즉 무기-에너지-헤지펀드 복합체에게 자극받고 또 자금을 지원받은 트럼프는, 정치가 이미 동공화되어서 "그렇다, 우리는 할 수 있다"라는 자극하는 한 마디 말로 축소되어 버린 때에 일어난 정치적인 것들의 자율화였다.

'가벼운 뉴스infotainment[a]'나 '짧은 격려의 말pep talk[b]'로서의 정치는 그가 완벽했다. 이미 있었던 파시스트 체제를 끌고 가는 견인차였다. 트럼프가 바이든에게 졌을 수도 있지만 패배하지 않았다. 물론, 그와 그에게 충실한 자들의 층이 확장하면서 쿠데타를 일으키는 데까지 가지는 않았고 어쩌면 후기 자본주의 파시즘의 동공화한 이미지 정치, 즉 샤리바리charivari[c]의

---

[a] 정보(information)와 오락(entertainment)의 합성어로 소프트뉴스(soft news)라고도 불리며, 진지한 언론(hard news)과 구별하는 용어로서 경멸적으로 사용될 수도 있다.

[b] 일을 더 열심히 하도록, 더 자신감을 갖도록, 더 열정적이 되도록 등등 누군가를 격려하는 짧은 말을 일컫는다.

[c] 유럽과 북미에서 공동체의 어떤 구성원에게 수치심을 주는 조롱행진을 하는 풍습을 일컫는 말이다. 냄비나 단지 등 손에 든 것을 두드리며 시끄러운 소리를 내며 행진한다.

괴상한 이미지, 린치 폭도의 싸구려 할리우드 버전에 더 맞을지도 모르지만, 어떤 면에서는 그가 이겼다.3 그는 주목받는 전투에서 승리했고 세계에서 가장 많이 알아보는 사람이 되었다. 그의 머리를 보자. 그는 금발로 염색했고, 젤을 바르고, 앞머리 전체를 넘겨서 머리카락이 부족함을 감추려는 바로 그 시도에 매달렸다. 그 전체의 명백한 인위성이 어떻든 진짜와 가짜의 구분을 넘어서 트럼프에게 손상을 입히지 않고 오히려 채플린의 콧수염과 중산모 또는 나이키의 마이클 조던 점프맨 로고만큼이나 표상적인, 극히 강력한 유사-정치적 상징으로 변모했다.

트럼프의 머리카락은 정치적 내용의 일반적인 비어 있음의 징후로 나타난다. 비어 있는 정치에서 정말로 설득력 없는 젊은이들의 헤어스타일이 [나치즘의] 스와스티카나 철 십자Iron Cross@를 대체하며 백인우월주의적 국수주의 공동체의 닮은꼴을 만든다. 이것은 정치적 프로그램이라기보다는 브랜드로서의 파시즘이다. 이데올로기로서 파시즘은 늘 모순적이었고,

---

ⓐ 독일어로 Eisernes Kreuz(EK). 프러시아 왕국과 나중에 독일제국(1871~1918)과 나치독일 (1933~1945)의 군대장식으로 검은 십자가 형태에 희색이나 은색의 테두리를 두른 것. 중세 십자군에 속하는 튜튼기사단과 그 기사들이 13세기부터 사용한 휘장에서 유래.

반대세력의 태도와 사상을 차용하여 끊임없이 입장을 바꾸었다. 파시즘은 항상 기회주의적이었지만 트럼프는 이것을 받아 새롭게 한 차원 높였다. 그는 신중하게 계획된 프로젝트를 위한 사람이 아니고, 제도들 등을 통해 긴 행진을 하는 사람이 아니다. 그는 무엇보다도 브랜드를 만들어내는 사람이고, 트위터 대통령이고, 1950년대로의 회귀를 약속한다. 그 약속이 (트위터) 280자로[a] 옛 시절의 이미지를 만들어낸다.

어디든 있는 거짓 약속

트럼프에 관한 무언가를 모든 사람이 소비하고 있다. 그는 현재 다른 정치인과 달리 화면과 공중파를 점령할 수 있었다. 리얼리티 TV쇼 스타로서 물론 그는 정치의 틀을 뛰어넘는 데 특히 적합했고, 정치를 엔터테인먼트와 합병했다. 그는 2015년 대선출마를 결정하기 훨씬 전부터 미국 국민을 위한 한 축제를 만들어왔다. 그는 2004년부터 2015년까지 방영된 대중

---

[a] 280자란 띄어쓰기를 포함하여 영어 40~70개의 단어를 쓸 수 있는 공간을 뜻한다. 원래 트위터는 140자 제한이었다가 나중에 280까지 늘어났지만 여전히 짧고 간단한 말을 전할 수 있을 뿐이다.

적인 리얼리티 쇼 〈수습생The Apprentice〉의 제작자이자 진행자였을 뿐 아니라 프로레슬링 후원자였고, 미스 유니버스 상표 소유주였다. 또 의심쩍은 부동산 재벌인데 미디어의 인물로 바뀌어 등장했던 1980년대 초 이래로 뉴욕에서 유명한 요란한 인물이었다.4

오늘날 트럼프는 살아 있는 정치인 중 가장 경멸받지만, 또한 최면을 거는 듯한 정치적 권위자이기도 하다. 그리고 그의 반정치적 자격들을 숭상하는, 새롭지만 사실은 낡은 글로벌 저항운동의 마스코트이다. 그의 지지자들은 그가 힐러리 클린턴과 낸시 펠로시를 사탄주의 소아성애자라고 하거나 코로나19를 치료하기 위해 락스를 주사해야 한다고 하는 등의 가장 괴상한 망언도 다 받아들일 것처럼 보인다. 그러나 그 모든 격분, 망상과 그 과장된 엉터리 뒤에 트럼프 안에는 어색한 진실이 하나 있다. 말하자면 미국의 상황이 정치계급과 그 하수인들이 계속 주장하는 만큼 좋은 것은 아님을 그는 인정한다. 힐러리 클린턴과 조 바이든 둘 다 연속성을 약속했다. 클린턴은 4년 더 동일할 거라고 했다. 계속 움직이게 하자고, 사회기반시설이 무너지고 불평등이 급증하는 등 사회가 추락하고 있는 와중에도 우리가 계속할 수 있는 척하자고 했다. 신자유주의의 비회복은 영원히 지속될 것이다. 재조정할 필요가 없다. 바이든은 이미 무너진 약속이 4년 후에 다시 온다는 약속이었다. 안정화와 통합의 약속이었다. 그것을 모두 다 지키겠다는 약속이었다. 트럼프는 정치계급의 안정과 통합에 대한 약속의 비현실성을 추문처럼 요란하게 폭로했다. 정치계급이 안정이라고 부르는 것이 길고 느린 동체 착륙의 형태를 취해오면서 평범한 미국인들이 버티느라 분투하고 있다. 표면적으로 바이든은 그 경로를 약간 조정할 수 있을지 모른다. 코비드19 부양책과 "다시 더 잘 세우자Build Back Better"라는 기반시설 계획은 경직된 신자유주의 프로그램에서 벗어나는 작은 변천의 신호이지만, 바이든 정권이 지속 가능한 새로운 성장체제를 다시 시작할 수 있다고 상상하는 것은 억지처럼 보인다. 트럼프처럼 바이든도 병든 미국경제를 마술처럼 고칠 수는 없으며 그 위기를 감찰할 수밖에 없을 것이다.

트럼프의 일차적인 매력은 평범한 미국인들이 지난 40년 동안 사실상 패배해 왔다는 것을 충격적으로 그가 인정한 데 있었다. 힐러리 클린턴과는 대조적으로, 트럼프는 2016년에 정치-경제적 발전을 거듭 지적하며 정치적 기존 세력이 '지고 있음'을 공격했다. 억만장자 사기꾼이자 인종차별적 리얼리티 쇼 스타인 트럼프는 결정적으로 쇠퇴의 낯선 전령이었지만, 그럼에도 불구하고 쇠퇴는 사실이었다. 회복은 결코 없으리란

것이었다. "미국의 세기"가 사실상 이미 기울고 있었다. 음모론자이자 나중에 대통령 전략 커뮤니케이션 담당 부보좌관으로 임명된 마이클 안톤Micael Anton은 2016년 9월에 익명의 에세이를 하나 썼다. 트럼프에게 투표하는 것은 2001년 9월 11일 납치된 비행기의 조종석을 맡는 것과 같다는 것이었다. 죽을 수도 있지만 아무것도 하지 않으면 확실히 죽으리라는 것이다. 클린턴이 대통령이 되는 것은 미국의 자유를 위해서는 멸종수준의 사건이 되리라는 것이다.5

트럼프는 수십 년 동안 미국이 어떻게 패배해 왔는지에 관해 계속 이야기했다. 분명히 트럼프의 분석은, 우리가 그렇게 부를 수 있다면 유사 다원주의적 강자론이나 멍청한 정치 지도자들에 관한 음모론에 더 가깝지만, 2016년에는 역설적으로 진실 하나가 담겨 있었다. 말하자면 미국경제가 오랫동안 위축되어 왔으며 선별된 소수의 사람들이 점점 더 많은 부를 모을 수 있게 되었다는 것이다. 역설적이게도, 트럼프 자신이 그들 중 하나이며 화려하고 부유한 사업가였지만, 2016년에는 억압받는 대중 (또는 그중 대다수가 백인층, 주로 중하층)을 대변할 수 있었다. 이미 1987년에 트럼프는 《뉴욕타임스》, 《워싱턴 포스트》 등 기타 주요 신문에 "세계가 미국의 정치인들을 비웃고 있다"고 주장하는 공개서한을 게재했다.6 미국의 지도자들이 세계의 나머지 나라들에 속고 있다는 것이었다. 1987년 공개서한이 발표된 날 밤에 그는 래리 킹Larry King과 인터뷰하면서 "다른 나라들이 우리 등 뒤에서 우리를 비웃는다. 그들이 비웃는 이유는 우리의 어리석음과 지도자들 때문이다"라고 말했다.7 그로부터 20년 후 트럼프의 지나치게 단순화하고 원망하는 세계관이, 정치계급의 근거 없는 현상유지 믿음의 망상들을 노출시켰다.

트럼프의 가장 중요한 슬로건인 "미국을 다시 위대하게"는 물론 미국을 다시 백인, 이성애자, 태어난 그대로의 남성cis and male의 나라로 만들고 중산층이라는 가상의 질서를 회복할 필요가 있다고 하는, 무엇보다도 인종차별적이고 가부장적인 선언이지만, 그 속에 사실 하나가 담겨 있다. 최근에 출판된 아도르노의 1967년 강연에서 지적했듯이, 파시스트 이데올로기가 모두 거짓은 아니다. "이 이념의 모든 요소들이 그저 진실이 아닌 것은 결코 아니다."8 트럼프는 우리가 아도르노와 함께 노골적인 외국인 혐오라고 부를 수도 있는 것의 역할에 들어있는 진실의 알갱이들을 이용한다. "미국을 다시 위대하게"는 질서회복에 대한 요청이다. 그 요점은 트럼프가 표현하듯이 미국이 패배했다는 것이다. 미국은 한때 위대했지만 지금은 급격히 하락하고 있으며 이전의 영광을 되돌릴 필요가 있다는 것이다. 미국 제국의 위대함의 기반이었던 위대한 산업들이 해체되고 다른 곳에서 재건되었다. 이것은 파시스트의 "위대함-쇠퇴-재탄생" 이데올로기를 간단명료한 표어로 만든 것이며, 포스터, 모자, 티셔츠에 몇 번이고 반복해서 붙일 수 있는 문구다. 트럼프의 진실-비진실은 기득권을 비난하고 외국인을 배제함으로써 사회경제적 위축이 마술처럼 해결된다는 파시스트적 환상의 재탄생이다. 외국인 혐오주의에서는 쇠퇴의 원인이 나약한 정치인을 이용해 먹는 외국인들이다.

2017년 1월의 트럼프 취임연설은 이 재생하는 국수주의에 대한 고통스러운 증거였다. 그는 평범한 미국인들이 '기존제도권'에 의해, '워싱턴 DC'에 의해 배신당했다는 '미국의 대학살'이란 극적인 시나리오의 윤곽을 그렸다.9 기존 제도권이 외국기업들에게 미국으로부터 이득을 취하도록 허용했기에 나라가 깨어보니 난파 상태라는 것이었다. 트럼프의 선거승리와 그 취임식은 변화를 가져왔다. "오늘 행사는 매우 특별한 의미가 있습니다. 오늘 우리는 권력을 한 행정부에서 다른 행정부로, 또는 한 정당에서 다른 정당으로 이양할 뿐 아니라, 우리는 워싱턴 DC로부터 권력을 이양 받아 그것을 미국 국민 여러분께 돌려드리는 것이기 때문입니다." 트럼프가 노골적으로 인종차별적이고 외국인 혐오적인 비유를 반복적으로 사용하고 멕시코인을 강간범들이라고, 무슬림 이민자들을 테러리스트라고 말하면서 선거운동을 한 후에 그가 선동하는 사람들은 미국 내 다른 사람들과는 별개의 집단임이 분명해졌다. 그들은 백인 중산층 미국인만으로 구성되었다. 그들은 일종의 영적 공동체이자, 조상으로부터 이어져 내려온 보다 정통적인 '미국'이었다. 즉 실망하고 배신당하고 외국인 하이에나vulture[a]에게 약탈당하는 '위대한 미국'이었다. 이민자들에 의해 약화된 미국이었다. 그러나 그것은 트럼프가 백악관에 들어가면서 끝날 예정이었다.

트럼프는 그 문제를 해결할 수 있다. 그게 약속이다. 그것은 항상 파시스트의 약속이고, 문제를 고친다고 하는 망상적 환상이며, 자본주의가 갈등과 분쟁을 일으키는 곳에서 어떻게든 통합과 질서를 창출하겠다는 망상적 환상이다. 파시스트의 장점은 어떤 문제가 있다는 것을 인정한다는 것이다. 정치계급은 그 위기의 심각성을 인정하지조차 못한다. 바이든의 새 내각 구성은 정치계급이 상황에 대처하지 못하는 무능을 보여준다. 그것은 작은 재조종 한 번에 늘 했던대로 돌아온다. 즉, 회

---

[a]   여기서는 남의 불행을 이용해 먹는 사람이란 뜻이기에 독수리보다는 하이에나로 번역한다.

복 없음이며, 얼마간의 돈이 기반시설에 들어가고, 코로나19 임시지원금이 가구에 지급되지만 장기적으로는 일자리 없는 사람이 점점 더 많아지고 경찰과 사업은 그보다 더 많아질 것이다. 바이든은 직접적인 정치적 수단에 의한 부의 상향 재분배를 막을 어떤 것도 제안하지 않았다.10 당은 계속 갈 수밖에 없다. 자유주의 미디어는 바이든의 "다시 더 잘 세우자"를 뉴딜과 유사한 프로그램으로 포장하느라 바쁘다. 그 비교는 틀렸다. 그러나 더 중요한 것은 그래서 뉴딜정책의 핵심 차원이었던 백인남성 노동력의 특권이 계속되고 있다는 점이다. 이것은 후기 파시스트들의 손에 놀아날 것이다. 그리고 트럼프의 귀환이나 또는 어떤 유형이든 트럼프 같은 인물의 귀환은 여전히 매우 가능성이 높아 보인다. 그것은 마이클 안톤의 하이재킹이 서서히 작동하는 것이다. 그 하이재킹은 이미 일어났고 그 비행기가 맨해튼으로 향하고 있지만 아직 세계무역센터에 부딪히진 않았다.

위기는 분명히 지역마다 다르게 구체화한다. 브라질에서는 금융위기가 원자재 호황과 노동자당의 재분배주의 정책을 갑작스럽게 끝내버렸다. 신용카드 개혁이 끝나자 모든 생지옥이 풀려나서, 결국 2018년에 초자유주의ultraliberalism와 외국인혐오, 여성혐오, 동성애혐오, 군국주의를 내세운 보우소나루가 대통령이 되었다. 그 궤적에는 2013년의 대규모 시위들, 2016년 8월에 호세프Rousseff를 끝내 대통령직에서 몰아낸 근거 없는 탄핵 과정, 그리고 마지막으로 2018년의 "이상하게 비대칭적인" 대선운동이 있다. 그때 보우소나루가 복부에 칼을 맞고 회복 중인 집에서 트위터를 하며 누워 있는 동안 노동자당 후보인 페르난두 아다지Fernado Haddad가 전국을 순회하고 있었다.11 보우소나루의 공약은 천연자원 약탈을 지속하고 심지어 확대하며 빈민가의 빈민을 군사적으로 봉쇄하겠다는 것이었다. 당선된 후 그는 우왕좌왕하지 않고 "부랑자들과의 전쟁"을 선포했다. 그 위험한 계층이 적절하게 처리될 것이라는 말은 경찰에 의해 살해되리라는 의미다. 아마존 원주민들이 특정 혐오의 대상이 되어왔다. 그들은 "쓸모없고, 번식에도 쓸모없다"고 보우소나루가 단언했다. 그리고 그의 정부가 가장 먼저 취한 조치 중 하나는 토지에 대한 원주민의 권리를 박탈하는 것이었다. 농업기업과 거대 자본을 등에 업고 보우소나루는 원주민공동체가 살아온 토지를 사유화하려고 마음먹었고 또한 국립공원과 자연보호구역 등 특별보호를 받는 사실상 어떤 땅이든 사유화할 마음을 먹었다. 보우소나루와 그의 정부는 그 나라 전체를 사유화하여 국가를, 민간 자본에 토지를 넘기고 필요 없이 남아도는 것은 억압하거나 심지어 몰살시키는 기관으로, 바꾸고 싶어 한다.

유럽에서 헝가리는 인종차별적 선전이 중심무대에 오를 때 어떤 일이 일어나는지 보여주는 특히 극적인 사례이다.[12] 오르반 빅토르Orbán, Victor와 그의 정당 피데스Fidesz는 2010년 집권한 이래로 그 나라의 거의 모든 언론을 장악하고 효과적으로 이용하여 유대인과 이주민을 표적으로 삼고 이들을 헝가리인의 국가에 대한 위협으로 제시하는 공포조장 언어표현을 퍼뜨려왔다. 2018년 선거에서 오르반 내각의 구성원들은 전국을 순회하며 유권자들에게 파리에서 백인을 한 명도 볼 수 없게 되었다고 말하며 무슬림과 아프리카 이주민들이 그 도시를 '점령했다'는 의미를 담았다. 오르반의 공약은 오르반이 헝가리에서 그런 일이 일어나지 않도록 할 것이며 오르반 최고 지도자는 외국의 위협으로부터 헝가리 백인 기독교인 남성을 보호하기 위해 헌신해 왔다는 것이었다. 시리아 난민들이 고속도로를 걷는 사진이 담긴 대형 광고판들에 붙여진 'NO'라고 쓰인 커다란 빨간 스티커는 동일한 이야기를 말해주었다. 그리고 오르반에 대한 어떤 종류의 반대든 그것은 마자르돔 Magyardom[a]에 대한 유대인-프리메이슨-일루미나티 음모의 주

----

[a]   헝가리인들 또는 협의의 인종적 의미로는 마자르족(Magyars)은 자신들이 헝

조정자인 조지 소로스George Soros 같은 유대인이 자금을 지원하는 외국의 '친이민자' 운동의 일부로 일축된다.

인종차별, 여성혐오, 동성애혐오, 반공주의, 반지식인주의에 대하여 거의 동일한 이야기 서술이 모든 곳에서 지역별로 다양하게 정말 많이 진행된다. 트럼프로부터 보우소나루, 오르반, 살비니, 르펜까지 말이다. 새로운 파시스트 정치인들은 정치계급의 거짓약속을 폭로하면서 또 그대로 모방하면서, 신자유주의의 회복이 결코 일어나지 않을 것임을 드러내고 있으며, 멸망과 기후 재앙을 향해 가속함으로써 위기라는 판돈을 더욱 높여가고 있다.

지도자는 브랜드를 만드는 자

후기 자본주의 파시즘에는 특유의 자동-에로틱한 차원이 있다. 트럼프의 출마는 항상 트럼프에 관한 것이었다. 그가 홀로 미국의 위대함을 회복시킬 수 있을 것이다. 그는 예외적이

가리왕국 안에 있는 하나의 민족국가로 보았다. 1910년에는 모국어로 헝가리어를 쓰는 천만 인구가 있었는데, 헝가리 전체 인구의 절반이 넘었다. 현재 헝가리에서는 그들이 인구의 대다수가 아니다.

었다. 전적으로 불능이지만 승자였다. 그는 갑부다. 아니, 적어도 시스템을 속이고 거금을 대출할 수 있었다. 그에 관한 모든 것은 다 싸구려 위대함을 표시했다. 마르코 루비오Marco Rubio가 2016년 공화당 후보경선에서 제시했듯이, 그는 확실히 손이 작지 않았다. 작은 성기는 더더욱 아니었다. "내가 보장하는데 아무 문제없다. 내가 보장한다"고 트럼프는 주장했다. 노골적인 남근 상징주의가 내내 트럼프의 서명 같은 특징이었고, 실제로 살비니, 보우소나루, 두테르테Duterte와 같은 동시대의 많은 파시스트 지도자들의 특징이다. 나오미 클라인Naomi Klein이 트럼프에 관해 썼듯이 "그의 브랜드는 궁극의 보스, 너무 부유해서 원하는 것이 무엇이든, 언제든, 어떤 사람이든 (어느 여자라도 몸의 어디라도) 손에 쥘 수 있는 자이다".13 트럼프는 후기 자본주의의 위대함의 의인화이다. 가장 문자적이고 피상적인 1980년대 남성우월주의의 남성적 형태에서의 위대함, 말하자면 돈과 금, 그리고 "무엇이든 진짜인 것처럼 말하는" 능력의 화신이다. 트럼프에 관한 것은 헤어스타일뿐 아니라 모두 하나하나 과장이다. 눈가에 창백한 동그라미가 있는 주황색으로 영구태닝한 얼굴부터 우쭐대는 층수와 그가 좋아하는 금색 엘리베이터로 (돈의) 힘을 발산하는 뉴욕의 트럼프 빌딩까지 다 과장이다. 그것은 부와 성공의 겉모습이다. 클라인의 말처럼, 왕조가 루이 14세를 만난 것이다. 최상의 브랜드를 찍어내는 자다. 표를 주면 나라를 바로잡을 수 있는, 예외적으로 성공한 사업가의 이미지로서의 트럼프는 당신을 미국이라는 신비한 공동체의 일원이 되게 할 것이다. 타자들은 국가의 재창조 과정에서 사라져야 할 것이다. 아니면 적어도 브랜드를 찍어내는 자인 그 대통령으로부터 무엇이든 해도 좋다는 면허를 받은 자경단이나 국경 순찰대를 두려워해야 할 것이다.

2020년 선거에서 트럼프는 닉슨의 1968년 전략을 되살려 "법과 질서"를 내세우며 선거운동을 했다. 연방군을 배치하고 '프라우드 보이즈'와 같은 군사화된 파시스트 집단들에게 박차를 가하면서 트럼프가 최선을 다해 가속화시킨 인종주의반대 시위들이 대규모로 벌어진 여름이 지나자, 연임을 위해 트럼프가 던진 카드에 도전하는 적들은 국가의 적이 되게 되어버렸다. 아프리카계 미국인과, 트럼프가 "안티파Antifa@ 인간쓰레기"라고 부르는 사람들은 적이 되었다. 트럼프에 따르면 이들은 미국을 파괴하려는 더 큰 음모의 일부였다. 그는 "좌익 폭력 극단주의가 나라를 삼키고 있다", "어두운 그림자 속의

ⓐ 자신들의 목표를 성취하기 위해서 비폭력 직접행동, 무례함 같은 비시민적 행위, 또는 폭력을 이용하는 집중화되지 않고 분산되어 있는 자율적인 집단들에 의한 미국의 좌익 반파시스트, 반인종차별주의 정치운동이다.

사람들이 조 바이든을 조종하고 있다"고 말했다. 적대적 장악이 한창 진행 중이었다. "깡패들은 장비를 차고 검은 유니폼을 입고, 어중이떠중이가 폭력과 폭동을 선동하며 전국을 날아다니고 있다."

바이든과의 텔레비전 대선토론에서 트럼프는 폭스 방송사의 사회자 크리스 월리스Chris Wallace로부터 백인우월주의 극우 단체들과 거리를 두라는 요청을 받았지만 이를 거부하고 대신 "프라우드 보이즈는 물러서서 대기하라"는 발언을 했다. 그리고 이어서 "하지만 내가 당신들에게 뭔가 말해줄 거다. 내가 뭔가 말해줄 거다. 누군가는 안티파와 좌파에 관해서 뭔가를 해야 한다. 이건 우익의 문제가 아니기 때문이다"라고 말했다. 트럼프는 정치경력 아주 초기부터 백인우월주의자들과 초우익 단체들 및 운동에 거리를 두려고 하지 않았을 뿐 아니라 파시스트 또는 백인우월주의 비유를 반복적으로 사용해 왔다. 그것이 실제로는 폭력적인 국수주의 언어를 사용하려는 의식적인 시도라기보다는 무의식적인 반응에 가까웠지만 말이다. 트럼프는 파시스트 이데올로기를 특별히 자각하지 못하는 것처럼 보인다. 그는 그저 반응한다. 그것이 기본 값으로 깔린 그의 입장이다. 그는 즉흥적인 파시스트이다. 2016년에 트럼프는 KKK단 전 총수인 데이비드 듀크David Duke가 그의 대통령

후보지명을 지지한다는 것에 대해 여러 번 질문을 받고서 반사적으로 반응했다. "당신들 기분이 더 나아질 거라면 나는 [듀크를 거부]할 것이다." 2017년 8월 샬러츠빌Charlettesville에서 '백인의 힘' 시위가 있었고, 거기서 한 백인 내셔널리스트가 [그 시위에 반대하는] 시위대를 향해 차를 돌진해 21살 헤더 헤이어 Heather Heyer가 죽은 사건이 일어난 후, 트럼프는 자신의 지지층 중에서 더 급진적인 부분과 거리를 둘 수 없었고 그래서 "양쪽 모두에 괜찮은 사람들"을 찾았다.

우파연합Unite the Right 집회가 샬러츠빌의 한 공원에서 [미국 남북전쟁의] 남부군 장군, 로버트 E. 리Robert E. Lee의 동상철거 법안에 반대하여 시위를 벌이고 있었다. 트럼프는 남부연방 동상들을 좋아하기 때문에 당연히 신나치 단체에 동조하는 경향이 있었다. 그 동상들과 기념비들은 트럼프가 재창조하려는 영광스러운 상상 속의 집합에게 말을 건넨다. 그 엽서의 과거를 향해 그가 손짓한다. 모든 것이 더 좋았던, 미국이 위대했던, 완전히 상상 속의 과거이다. 그 동상들은 잃어버린 완벽함, 어린아이와 같은 단순함을 표현해 주는데, 그것을 미국이 열망해야 한다. 기념물들을 철거하려는 노력은 트럼프의 프로젝트에 대한 직접적인 공격이다. 그것은 미국을 파괴하려는 시도의 일부다. 트럼프가 사실상 피해자다. 트럼프와 백인 공동체가 피해자다. 샬러츠빌에서 신나치주의자들이 외쳤다. "유대인은 우리를 대체할 수 없다." 백인 미국인이 여기서 진짜 피해자이며 공격을 받고 있다. 열등한 인종들과 마르크스주의 선동가들이 나라를 파괴하고 있다. 그래서 그 동상들은 분명히 보호될 필요가 있다. 따라서 트럼프는 동상 제거에 반대하여 시위하는 신나치 집단들과 전적으로 그 축을 나란히 하고 있다. 그것이 바로 그의 기본 입장이 그들을 옹호하면서 그들을 양측에 다 좋은 사람들로 보는 이유이다.

2020년 여름에 조지 플로이드 봉기가 일어난 동안 기념물들을 둘러싼 그 전투는 절정에 달했다. 그때 트럼프는 포틀랜드에 비밀경찰처럼 운영되는 정체불명의 준군사 물리력을 투입해서 표식이 없는 차량을 이용해 시위자들을 납치했다. 시위자들은 두건이 씌워진 채 심문을 받았다. 그 물리력을 행사한 자들은 후에 국토안보부 소속과 국경순찰대 소속으로 밝혀졌다. 포틀랜드에서 사태가 가속화되자 트럼프는 워싱턴 DC의 주방위군을 이용해서 평화로운 군중을 최루탄으로 해산시키고 자신은 교회로 걸어가 사진촬영을 했다.

트럼프의 법과 질서 운동은 바로 파시스트의 각본에서 나온 것이었다. 그는 조지 플로이드 시위를 "다스리겠다"고 말했고, 바이든의 선거운동을 거리 시위와 연결시키려고 하면서 "마르크스주의자가 미국을 차지한다"고 경고했다. 그는 미국적인 가치의 마지막 보루였다. 어떤 대가를 치르더라도 기념물들은 보호되어야 했다. 그의 상상의 과거가 사라진다면 아무것도 남지 않을 것이다. 과거의 이미지를 보호하는 것이 무엇보다 중요했다. 후기 자본주의 파시즘에는 미래가 없다. 미래에는 상상의 자원이 없고, 이는 기술적인 범주에 불과하다. 그것은 동원될 수 없다. 오늘날 파시스트들은 과거를 가리킬 수 있을 뿐이다.

그 대통령이 코로나 바이러스 팬데믹에 직면했을 때 보여준 무대책은 대조적인 것을 말해주고 있었다. 코로나19로 인한 미국인 수천 명의 죽음은 덜 중요했다. 백인우월주의의 가치를 기념하는 동상이나 기념물들이 위협받을 때는 예외 조치들이 시행되는데 말이다.

2016년에는 트럼프가 부패한 시스템에 대하여 저항한다고 하면서 선거운동을 했다. 그는 인구의 큰 부분들과 완전히 동떨어진 정치계급에 대하여 널리 퍼진 거부의 통로가 되었다. 그는 반기득권, 감세 찬성 티파티Tea Party 운동의 직접적인 연장선상에 있었으며, 점령운동의 긴축반대 시위들을 역설적으로 차용한 셈이었다. 2020년에는 현직 대통령인 그가 공산주의 혁명의 유령에 대항하는 방어벽으로 출마 중이었다. 트럼프의 유튜브 채널에 게시된 선거운동 동영상에 따르면, 대통령인 그가 '자본주의 앞에서 공산주의를 막고 있는 사람이었다'. 물론 그 프로젝트는 여전히 모든 열등한 자들을 제거하여 "미국을 다시 위대하게 만들자"는 것이었다. [그에게] 멕시코인, 무슬림, 이민자들은 여전히 비열했지만, 이제 초점은 안티파와 "좌익극단주의자"로 향했다. 민주당은 사실상 "성난 눈빛의 마르크스주의자들"을 위한 트로이 목마였다. 트럼프는 아직도 여전히 저항 모드였다. 그는 주 정부가 팬데믹으로 인한 사망을 방지하기 위해 경제를 차단하려는 것에 저항했고, 또한 시위들에도 저항했다. 트럼프를 뽑는 것이 좋은 옛날로 돌아가는 변화에 투표하는 것이었다. 그것은 엽서 같은 상상이었다. 잃어버린 국가의 재탄생이었다. 반공주의 선거운동 영상이 경고했지만, 왠지 또한 삐딱하게 약속하는 것처럼 보였듯이, "2020년을 잃으면 국가를 잃는다"고 했다. 마치 나라를 사실상 이미 잃어버린 것처럼 말이다.

점점 더 쟁쟁거리는 수사학적 표현이 8월 말 공화당 전당대회에서 절정에 달했다. 거기서 전 폭스뉴스 진행자이자 도널드 트럼프 주니어의 여자 친구인 킴벌리 길포일Kimberly Guilfoyle이 연설을 하면서 "그들은 이 나라와 우리가 싸워서 소중히 여기는 모든 것을 파괴하려 한다. 그들은 당신의 자율권liberty과

자유freedom[a]를 훔치고, 당신이 보고 생각하고 믿는 것을 통제하여 당신의 삶을 통제하고 싶어 한다"고 말했다. 워싱턴의 앤드류 W. 멜론 강당의 동굴 같은 공간에서 성조기를 배경으로 쉰 한 살에 주름 하나 없고 머리를 곱게 빗어 넘긴 길포일이 타오르는 듯한 붉은색 딱 붙는 드레스를 입고 마치 영화 〈스타쉽 트루퍼스Starship Troopers〉에 등장하는 한 인물이 되어 거기 없는 관객들에게 고함치는 것처럼 보였다. 스크린 뒤에 있다고 상상되는 자유의 투사들을 동원하여 거대한 바퀴벌레 군대의 침략으로부터 나라를 지키기 위해 일어나라고 경고했다. "민주당원들이 당신들을 짓밟도록 두지 말라. 그들이 당신들의 가족, 삶, 미래를 파괴하도록 내버려두지 말라. 그들이 미래세대를 죽이게 내버려두지 말라. 그들은 당신들을 세뇌하고 당신들이 충분히 선하지 않다는 거짓말을 당신들에게 먹이고 있기 때문이다." 내셔널리즘 신화의 결합과 예능오락산업의 영향이 공산주의자들의 정권 장악에 대한 끔찍하고 파국적인 시나리

---

[a] liberty와 freedom 둘 다 보통 '자유'로 번역되지만, 엄밀하게 보자면 liberty는 관련된 모든 권리들을 고려하면서 임의의 제약들이 없는 상태를 의미하고, freedom은 하려고 하는 대로 할 역량과 힘을 가지고 있음을 의미한다. liberty도 그런 의미로 사용될 수 있지만 그런 의미로는 주로 freedom이 사용된다. 그래서 이 두 단어를 동시에 사용하는 이 부분에서 liberty를 자율권으로 번역한다.

오를 불러일으키는 연사들과 함께 열기를 최고조로 끌어올렸다. 공화당 유권자의 대다수가 '전통적인 미국식 삶의 방식을 지키기 위해 무력을 사용해야 할 수도 있다'는 데 동의했던 것은 놀랄 일이 아니다.[14]

미시정치

내셔널리즘, 인종차별주의, 종교적 광신주의에 의해 부추겨진 폭력적인 정체성주의적identitarian 감정들의 귀환은 파시즘을 우리가 싸울 수 있는 식별가능한 적 이상의 것으로 질문하게 촉구한다. 파시즘은 우리의 빈곤해진 '신자유주의적' 주체성 내부에, 우리의 심리의 주름들 안에, 숨겨진 일종의 병폐일까? 파시스트의 대중정당이 없다고 해서 파시즘이 되돌아오지 않았다고 믿어서는 안 된다. 파시즘은 분명히 그러나 이상하게 증발된 형태로 그저 그런 수준의 지도자들과 함께 소셜 미디어에 퍼져 있고 1930년대의 모습보다 훨씬 더 모순적이고 후진적으로 보인다.

빌헬름 라이히Wilhelm Reich와 들뢰즈·가타리Guattari로부터 우리가 아는 것은 파시즘이 정당과 허위의식false consciousness의 문제일 뿐 아니라 미시정치와 욕망의 문제라는 것이다.15 대중은 파시즘을 원한다. 사람들이 속아서 트럼프와 살비니를 지지하거나 영국의 유럽연합EU 탈퇴에 찬성 투표하는 것이 아니다. 파시즘은 미시적 정치현상이며 국가차원에서뿐 아니라 모든 곳에 존재한다. 파시즘은 가족, 사무실, 시골, 도시에 존재한다. 파시즘은 우리가 보통 파시즘으로 말하는 그것으로 그 자체를 과시하기 前에 이미 존재한다. 파시즘을 "상호작용에서의 분자적 초점의 어떤 확산에서 분리해 낼 수 없다. 국가사회주의 국가에서 함께 공명하기 시작하기 전에 어떤 한 지점에서 다른 지점으로 건너뛰는 초점이다".16

라이히와 들뢰즈·가타리와 함께 우리는 파시즘을 이미 존재하는 한 현상으로 볼 수 있다. 예를 들어 정착민 식민주의와 노예제로부터 경찰의 총격, 대량투옥에 이르기까지 아메리카 원주민과 아프리카계 미국인이 미국에서 받는 대우에서 볼 수 있듯이 말이다. 그것이 다양한 파시스트적 형태들을 통해서 (거시적) 정치적 프로젝트로 변모하고 있다. 여자들, 아프리카계 미국인들, 소수자들에 대한 파시스트의 폭력은 이제 그런 정치적 프로그램이며, 더 이상 '사적 영역'에서만 행사되거나 자본주의적 재생산이라는 느린 구조적 폭력으로 행사되지 않는다. 백인 지배는 이제 정치적으로 집중되는 계획적인 노력이다. 파시즘의 정치적 폭력이 조직화되고 있으며, 자기-절제로 부터의 해방과 폭력적인 타자-배제를 향유함은 이제 정치적 목표 그 자체로 인식되고 있다.

파시즘의 잠재성이 실제로 사라진 적은 결코 없었다. 파시즘이 한동안은 권력 경쟁을 할 수 있는 국가 형태들이나 정당 형태를 취하지는 않았지만 내내 있었다. 관점의 문제였을 뿐이다. 그리고 어디서 보았느냐의 문제였을 뿐이다.

모두 정체성

백인 노동계급을 끌어당기는 새로운 파시스트의 능력에 관한 글들이 많이 나왔다. 트럼프와 살비니, 르펜, 패라지Farage와 보우소나루, 그리고 그들보다 이르게는 덴마크 인민당People's Party의 피아 키에르스고르 Pia Kjærsgaard, 이들 모두 선거에서 노동계급 표의 상당 부분을 흡수할 수 있었다. 앞 장에서 언급했듯이 이런 전개는 물론 중도좌파 거대정당들이 신자유주의 정책을 운영하고, 민영화하고, 복지를 축소한 것과 관련이 있다. 그러나 그것은 또한 카스트제도 같은 정치적 형태로서의 노동계급의 사라짐 그리고 조직, 정당, 문화적 제도에서 구현되는 생활 관계로서의 노동계급의 사라짐과도 관련이 있다. 타마스 G. M. Tamás가 주장했듯이, 19세기 중반부터 1960년대 후반까지는 구질서에 맞서 싸우고 자본주의경제 운영권을 놓고 부르주아지와 씨름하는 노동계급의 뚜렷한 문화가 있었다.17 유럽의 조직화된 노동계급 운동이 화폐경제와 국민국가의 폐지를 위해 노력한 적은 거의 없었지만 대신에 노동자의 삶을 개선하고 자본주의 국가에 압력을 가해 더 나은 노동조건과 정치적 권리를 누릴 수 있도록 만들 제도적인 하나의 큰 내부구조를 구축하기 위해 분투했다. 발전된 (또는 오히려 과잉 발전된) 세상에서 이것은 전후 사회국가의 탄생을 이끌었고, 거기서 자본과 노동은 치솟는 생산성 안에서 서로를 "기반으로 삼았다". 아도르노는 이를 계급 없는 계급사회라고 불렀다. 많은 노동자의 일상생활이 개선된 결과, 사회를 철저히 변혁하고 자본주의 지배를 종식시키려는 어떤 노력도 방기되었다. 노동계급의 큰 부분들이 중산층으로 상향 이동하면서 오래된 계급구조는 재구성되었고 심지어 사라진 것처럼 보였다. 자크 엘룰 Jacque Ellul이 한 번 언급했듯이, 이 시기에 중산층은 보이지 않는 계급이 되었고, 그 계급은 노동계급의 부분들을 통합하고 또 자체를 평준화하면서 계급으로서는 숨어버렸고, 한 마디로 현대사회가 되었다.18 이것은 계급권력을 보편화하여 보이지 않게 만든 형태들의 한 집합의 출현에 관한 이야기이다. 지나치게 발달한 세계의 모든 사람은 중산층이었다. 아니면 그렇게 보였다. 이주 노동자들조차도 환영받았다, 물론 여전히 일상의 인종차별을 받아야했지만 말이다. 이 과정에서 개인의 자유가 계급투쟁을 대체했다. 혁명의 에너지는 얼어붙었다.

'68년 5월May'68'은 혁명적 관점을 부분적으로 다시 도입한 사회적 폭발이었고, 케인스주의의 계급 없는 사회라는 꿈을 부수었다. 하지만 혁명은 결코 일어나지 않았다. '68년 5월'은 봉기, 반란, 개혁이 뒤섞인 확대된 저항이었고, 거기서 젊은이, 여성, 이민자들은 포드주의 임금 생산성 타협과 민주주의 복지국가를 거부했다. 그 거부는 의식의 확장이 연장되는 형태를 취했고 예닐곱 해 지속되었다. 그것은 1917년부터 1921년까지의 혁명적 프롤레타리아 공세의 부분적인 재발견이었지만, 혁명적 프로젝트가 등장하지는 않았다. 즉 돈이나 국가가 없는 공산주의 사회 창조의 등장은 없었다. 5월의 반란은 결코 거기까지 가지 못했다. 그것은 주로 젊은이들이 다르게 살면서 노동과 소비를 거부하는, 일련의 부분적으로 중첩된 실험들에 더 가까웠다. 즉 그들은 자본주의 국가와 (서구의) 노동자를 대표하는 조직체들 사이의 타협의 토대를 거부했다.

새로운 소비자 생활의 거부, 그리고 또한 포드주의 타협을 중개했던 드골, 아데나워, 왈데크 로셰Waldeck Rochet 같은 가식적인 옛 지도자들에 대한 거부는 역설적으로 자본주의 착취의 새로운 전략에 길을 열어주었다. 반란은 분쇄되었지만 다른 목적에 맞추어졌고, 그 '사회적' 차원이 그 정치적 내용에서 벗어나 새로운 축적체제에 이용되게 되었다. 진짜임authenticity이 신자유주의의 선전구호가 되었다. 다른 삶에 대한 요구는 개인의 만족과 빠른 정체성 고정을 위한 필사적인 탐색으로 바뀌었다. 68년의 실험은 쾌락주의적 삶의 양식의 문화로 변모했고, 정치는 사업과 주식시장 안으로 해체되어 들어갔다.

1968년부터 1974년까지의 시기는 근대 비평에서 '포스트모던' 비평으로의 전환기였다. 이 때 노동운동 및 노동과 진보에 대한 노동운동의 이념에 내장된 반대하는 낡은 문화가, 사회적 역할들 및 자연과의 관계에 초점을 맞춘 새로운 비계급기반 저항문화에 의해 비판되고 확장되었다. 이 확장은, 또는 이론공산주의자Théorie Communiste 집단이 말하는 '혁명이론의 단절'은, 빠르게 극적인 약화를 낳았다. 그러나 그렇게 약화됨으로써 다른 삶에 대한 발상은 1970년대 초에 조르조 체사라노Giorgio Cesarano가 "자본주의의 혁명"이라고 일컬었던 것으로 내면화되었고, 이전의 문화들이 사라지고 상품에 대한 쉬운 접근에 기반을 둔 새로운 체제순응주의로 대체되었다.[19] 체사라노는 이것을 내면으로부터 작동하는 어떤 새로운 힘의 장착으로 이해했다. 소비하고 싶은 소원이란, 지금까지 주어진 적 없었던 명령에 복종하려는 갈망이다. 이 새로운 힘은 노동계급 문화에 남아 있던 집합성을 해체했고, 소비라는 개인의 새로운 삶의 양식에 길을 깔아주었다. 오늘날 사람들은 제각기 있다는 점에서만 함께이다. 하나의 다른 공동체라는 발상이 68년 5월에 잠깐 다시 표면에 나타났지만 금세 사라졌고, 오늘날 우리는 '수동적 수용repressive tolerance'으로 남았다. 즉, 우리는 민족국가, 가족, 사유재산 또는 '자유로운' 성생활이 있는 개인 같은 개체entity들이다.

노동계급은 사라졌다. 하지만 계급투쟁은 사라지지 않았다. 40년 동안 지배계급은 점점 더 적은 이윤을 생산하는 체계로부터 점점 더 많은 부를 끌어 모으느라 바빴다. 노동운동의 힘은 노동과 자본 사이에서 공유되는 생산성 수익에 달려 있었다. 그러나 1970년대 초 이래로 생산성 수익이 점점 줄어들고 있는 맥락에서 임금 공유를 자본가계급이 완강히 거부하는 시대가 되어왔다. 그 결과는 혼돈이다. 점점 더 많은 사람이 임금노동에서 배제되고 생존하느라 분투하며, 경찰에게 통제받는다. 이것이 후기 자본주의의 세상이고 거기서 파시즘은 나라의 '진짜' 유권자인 국민에게 유리하게 하겠다고 약속한다. 백인 미국인, 진짜 프랑스인, 진짜 이탈리아인, 인종적으로 덴마크인인 국민에게 그렇게 하겠다고 약속한다. 무슬림, 이주자, 이민자의 후손은 떠나야 하고, 다른 곳으로 이동하고, 사라져야 한다고. 그들은 국민의 일부가 아니라고. 돌아갈 자원은 더 적지만 당신은 지배계급이 그 몫을 차지한 후 남은 것에 접근할 특권을 얻게 될 것이라고. 그것이 후기 자본주의 파시즘의 가짜 약속이다.

이런 상황에서 노동계급을 재구성하려는 어떤 시도도 흉내 내기일 뿐이다. 잃어버린 민족공동체라는 발상을 읊어대는 것이 왠지 더 쉽다. 특히 당신들의 복지와 민족공동체의 완전성을 위협하고 있는 위험한 '기생충'인 어떤 적을 의인화하기가 더 쉽기 때문이다. 그 적이 기생충 같은 무슬림, 멕시코인, 유대인, 마르크스주의자라면 말이다. 자본축적의 비인격적 법칙의 시각화는 파시스트의 거짓-구체화에 견줄 만하지도 못하다. 파시스트들은 여기 당신들의 적이 있다, 그들의 검은 피부, 낯선 옷 또는 이상한 문화적 습관을 보라고 한다. 트럼프, 살비니, 오르반, 툴레센 달Thulesen Dahl, 보우소나루는 모두 흑인과 멕시코인, 롬인Roma[a]소수족, 무슬림 이민자 또는 아마존 인디

---

[a]   Roma 또는 Romani people은 보통 집시라고 알려진 사람들로 대부분 유럽

언을 표적으로 삼아버리고 "하나의 국민을 만들고" 있다.

노동자는 좌파와 중도좌파 정당에 의해 지워졌고, 버려졌고, 안정된 일자리 및 값싼 상품과 기기를 살 수 있는 신용에 대한 전망에 속았다. 새로운 세대마다 (서구에서는) 더 많은 것을 얻을 세상에 대한 꿈, 어쨌든 소수의 선택받은 자에게만 해당되었던 꿈이 결코 실현되지 못할 것이 되어버렸다. 자본주의의 파괴와 불균등은 어떻든 저개발과 시간적 쇠퇴로 변형되었다. 그러나 이제 불균등은 다시 나타났고 더 이상 이전 식민지들이나 구 중심지 대도시의 뒷마당에 국한되지 않는다. 이제는 운 좋게 보상받아 왔던 사람들의 자녀에게도 불균등이 악몽 같은 일이 되어버렸다. '부모보다 더 가난한 이들'이 맥킨지 글로벌 연구소Mckinsey Global Institute의 악명 높은 2016년 보고서의 제목이었다. 1950년대 이래 처음으로 서구의 젊은이들이 부모보다 더 열악하게 살 것이라고 전망할 수 있다고 맥킨지는 단언했다.[20]

오늘날에는 모든 것이 정체성이다. 계급도 정체성이다. 스튜어트 홀Stuart Hall의 말로 다시 써본다면, 정체성은 계급이 살아가는 양태라고 말할 수도 있다. 교차성은 이 혼동시키는 난

....

과 아메리카에 사는 인종집단이다.

제의 암호가 되었다. 즉 이 분리(안에서의 통일)를 이론적으로, 정치적으로 다루고 극복할 수 없는 무능함이 되어 있다. 프롤레타리아트는 파편화되고 분열되어 운동을 형성할 수 없다. 계급 구성요소는 오늘날 분해되고 있다. 그리고 불만을 품은 대중을 인종차별주의 폭도가 아닌 다른 어떤 것으로 동원하기란 매우 어려운 일이다.

프랑스의 노란조끼 운동을 예로 들자. 이것은 합성composite 운동이었다. 예전에 그런 것이 있었다면 그렇게 불렸을 것이다. 그것은 유류세에 반대하는 시위로 시작되어 프랑스 전역의 로터리를 점거했다. 그것은 온라인의 한 토론에서 등장했고 노동조합과 좌파 단체들 바깥에 있었다. 그 상징은 붉은 깃발이 아니라, 프랑스에서는 차에 의무적으로 구비해야 하는 노란조끼였다. 그 조끼가 참가자들을 가시적으로 만들어주었다. 그들이 비가시적이 되어야 하고 사회적으로 고통 받게 되어 있는 세상에서 말이다. 프랑스 시골의 중하층 가정들이 슈퍼마켓에 가는 데 필요한 휘발유를 구매할지 아니면 슈퍼마켓에서 살 수 있는 식료품 중 하나를 선택할지를 생각해야 하는 그런 세상에서 그들은 가시적이 되었다. 이 운동은 마크롱과 그가 대리하는 금융 엘리트들에게 반대하는 것이었지만, 그 저항이 어떤 종류의 정치적 대표성을 통해서 이루어지지는 않앉다. 그건 불가능했다. 사람들은 단지 세금에 반대했고 휘발유에 기초한 삶을 포기하고 싶지 않았다. 그것은 하나의 반응이었다. 이 운동은 이전의 삶을 잃어가고 있었던 사람과 뭔가 다른 것을 원했던 사람 둘 다를 동원했다. 그러나 어떤 종류의 비전을 제시하는 실질적인 요구들이나 시도는 하나도 없었다. 그 운동의 모순적인 성격을 말해주는 것은 시위대가 프랑스 국기를 흔들면서 동시에 그 나라의 가장 신성한 상징 중 하나인 파리의 개선문을 훼손한 것이었다. 요점은 정체성-규정적 identificatory 주장에서 혁명적 관점으로 나아가기 어려운 매우 불안정한 시대에 우리가 살고 있다는 것이다. 노란조끼와 모든 다른 저항운동은 전략을 모색하고 있지만 어떤 것도 찾아낼 줄 모르며 그러므로 현상유지를 방해하는 것만 할 수 있을 뿐이다. 현재의 (무)질서에 대한 거부뿐이다. 조지 플로이드 시위들도 마찬가지였다. 어떤 것도 제시하지 않았고, 그저 경찰을 통해 국가를 공격했다.

계속되는 반국가 시위들의 교훈은 따라서 역설적이게도 후기 자본주의 파시즘이 우리에게 가르치고 있는 교훈과 동일하다. 모든 정치적 분쟁이 정체성-규정적 용어들로 바뀌었다는 것이다. 우리가 대면하는 것은 객관적인 무질서인데, 최근의 [상태]에 대하여 취하는 파시즘의 태도도 포함된 다양한 종류의 반대의견을 통해 주관적으로 표현되고 있고, 모두가 현실의 한계에 부딪쳤음을 시위한다. 백인(의 임금)의 약화됨은 국경장벽, 무슬림금지, 재산업화, 인종차별적 비난을 가지고도 이전의 영광으로 회복되지 못할 것이다. 그러나 물론 현실의 도전을 당분간은 피해갈 수 있을지도 모른다. 그것이 바로 파시즘의 기능이다.

그 모두가 정체성과 정체성 규정에 대한 질문이다. 노동계급을 통합적인 하나의 방식으로 대표함이 아주 어려운 일이 되었다. 이 어떤 시도도 이미 유통되고 있는 내셔널리즘의 범주를 강화하고 따라서 내셔널리즘의 정서와 파시즘의 정서를 굳히는 경향으로 결국 불가피하게 흘러간다. 그것이 바로 지금 파시스트 지도자들이 선거에서 아주 잘나가고 있는 이유다. 사람들은 그들과 동질감을 갖고 정치적 논의들의 허구성을 꿰뚫어볼 수 있다. 그들은 국민과 함께 낮춘다. 파시스트들이 말이다. 유권자들은 감정적으로 그들에게 애착을 갖게 된다. 그리고 모든 정치적 논의는 트럼프, 보우소나루, 르펜, 살비니를 지지하거나 반대하는 것으로 환원된다. 파시스트 정치인들에 대한 반대조차도 부정적인 정체성 규정의 형태를 띠는 경향이 있다. 2017년 1월 트럼프가 대통령 취임언서를 했을 때 시위자들은 "내 대통령이 아니다"라고 외쳤다. 파시스트 선동가들은 선거정치를 찬반을 묻는 일로 축소시킨다. 2020년 대선에서 트럼프가 패배했을 때에도 그는 정치를 자신에 관한 질문으로 축소시켜 버렸다. 유권자의 거의 절반이 그에게 투표했다. 바이든에게 찬성 투표한 사람이 훨씬 적었지만 그들은 트럼프에게 반대표를 던진 것이었다.

온라인 파시즘

현대 파시즘의 눈에 띄는 특징은 그 연결망의 성격이다. 즉, 파시즘이 온라인에 존재하고 디지털 플랫폼상에 존재할 정도이다. 발터 베냐민Walter Benjamin이 1930년대 중반 독일 파시즘이 재생산의 새로운 기술들, 특히 라디오와 영화를 이용하는 능력에 놀랐다면, 우리는 마찬가지로 파시즘 운동들이 소셜미디어를 이용하여 그들 메시지를 전파하는 역량에 주목해야 한다.[21] 베냐민은 재생산의 새로운 기술들이 발전하여 집합적 공산주의의 포스트예술 문화를 위한 길을 놓기를 바랐지만, 그 대신 나치가 이러한 기술들을 이용하여 대중을 동원하고 그들이 스스로를 폭력적인 지배인종으로 표현하도록 만들었다. 오늘날 우리는 비슷한 상황에 있다. 한때 본래 민주적인 것으로 간주되며 정보의 더 평등한 공유의 길을 깔아주고 집중된 통제를 넘어서 함께 가는 새로운 길을 창출한다고 생각되었던 소셜 미디어가 지배와 복종에 대한 욕구를 파시즘으로 변형되기 쉽도록 만들어주는 것처럼 보이는 이 상황을 우리가 받아들이고 대처해야 한다. 소셜 미디어 복합체 안에서 파시즘이 확산될 수 있도록 해주는 힘에 대한 무의식적 동질감 및 관계들이 원형파시즘의 경향들을 강화하고 가속화할 잠재력을 지닌 것처럼 보인다. 리처드 시모어Richard Seymour는 소셜 미디어가 "초기부터 파시스트적" 성질들을 지니고 있다고까지 말한다.22 내장된 정치적 편향만 있는 것은 아니다. 충격을 주는 감정적 내용이 기존의 판을 가로채는 한, 증오를 부추기는 자들에게 유리하다. 소셜 미디어는 또한 위계질서와 인물숭배를 조장하는 성격이 있다. 모두가 '좋아요'와 리트위트를 위해 경쟁하는 온라인 소통의 경쟁구조에서는 가장 강한 자가 우세하다.

트럼프는 트위터를 하고 보우소나루와 비니는 페이스북을 열심히 이용한다. 베를루스코니Berlusconi와 같이 텔레비전 정치인들의 뒤를 따라 후기 자본주의 파시스트 지도자들은 자기의 선거구민과 직접 소통하며 지도자와 유권자와의 직접 관계를 만들어낸다. 살비니가 2013년 선출되었을 때 그의 소셜 미디어 청중은 5만 명에 불과했지만 현재는 800만 명으로 늘어났고, 페이스북과 인스타그램에서 그를 팔로하고 있다. 살비니는 소셜 미디어에 매우 적극적이며, 자신을 친구 및 지지자들과 어울리는 실생활의 이탈리아인으로 보이게 하는 셀카와 더불어 거의 쉴 새 없이 쏟아내는 외국인혐오 메시지를 합성시킨다. 누텔라, 모레티맥주, 티라미수 등 '이탈리아' 제품을 맛있게 먹는 셀카나 지지자들이 보내준 고양이 사진을 게시하고는 같은 날에, 버려진 쓰레기봉투를 뒤져 음식을 찾는 이탈리아 노인들을 담은 동영상과 수용소에서 음식에 대해 불평하는 아프리카인 이주민들의 모습을 담은 동영상을 나란히 올린다.

그러나 후기 자본주의 파시즘의 네트워크적 특성은 파시스트 지도자가 유권자에게 닿을 수 있는 소통의 새로운 수단의 문제일 뿐 아니라, 스스로를 '대안 우파Alt Right'라고 부르는, 미디어에 정통한 젊은 파시스트들로 이루어진 지하세계 전체의 성격이기도 하다. 그 누구보다도 데일 베란Dale Beran과 앤절라 네이글Angela Nagle이 설명했듯이, 이 '대안 우파'는 온라인에 분산된 공동체로 등장했고, 온라인상의 괴롭힘으로부터 인종차별주의와 여성혐오를 적극적으로 조장하는 데까지 이르렀고, 2016년 대선에서는 트럼프의 승리를 도왔다.[23] 그 궤적은 소셜 미디어의 내재적인 파시즘적 경향과 또 오늘날 파시즘이 어떻게 획책되는지 그 둘 다를 말해준다.

소셜 미디어는 파시즘을 위한 비옥한 환경을 조성한다. 트럼프나 살비니 같은 정치인들이 청중과 직접 소통할 수 있을 뿐 아니라 리처드 스펜서Richard Spencer, 밀로 이아노풀로스Milo Yiannopoulos, 알렉스 존스Alex Jones, 니콜라스 푸엔테스Nicholas Fuentes와 같은 소소하게 유명한 파시스트들은 온라인에서의 존재감으로 인해 상당한 수익을 축적할 수 있었다. 알렉스 존스의 인포워즈Infowars라는 페이스북 계정이 2018년 8월에 폐쇄되고 그 계정의 일일방문자 수가 절반으로 줄어들자, 그는 방문자들에게 더 많은 제품을 구매해 달라고 간청해야 했다. 그 계정은 '전술용 펜'부터 테스토스테론 활성제까지, '슈퍼 남성 활력 알약'부터 코로나19 항바이러스제까지, 수백 가지 제품을 구매할 수 있는 온라인 스토어가 있는 뉴스 블로그이자 비디오 피드video feed이다. 그 제품들은 모두 다가오는 아마겟돈을 위한 준비물의 일부라고 선전된다. 존스의 회사매출은 2000만 달러다. 페이스북의 그의 계정 금지조치는 유튜브와 애플이 이미 취한 조치를 뒤따른 것이었다. 그러나 며칠 안에 존스와 인포워즈는 그 콘텐츠를 재공유하는 비공식 페이지들의 네트워크 덕분에 그 금지들에서 빠져나갈 수 있었다. 9개월 후 페이스북은 다시 금지를 시도했고, 이번에는 존스의 계정

뿐 아니라 이안노풀로스, 푸엔테스, 폴 조셉 왓슨 Paul Joseph Watson, 로라 루머Laura Loomer 같은 다른 파시스트 선동가의 계정들도 폐쇄했다. 그러나 개별 계정들의 폐쇄가 실제 문제를 해결하지는 못한다.

존스가 2016년에 자기 이름을 알린 것은 워싱턴 DC의 한 피자집이 힐러리 클린턴이 운영하는 아동성매매 조직의 본거지라고 주장했을 때였다. 이로 인해서 그의 추종자 한 명이 AR-15 자동소총으로 무장한 채 그 피자집에 나타나서 직원들을 위협하며 "비밀터널"을 공개하라고 강요하기도 했다. 존스는 또한 2012년에 샌디훅 초등학교Sandy Hook Elementary School에서 예전 졸업생에 의해 학생 20명과 교사 6명이 살해된 총기난사 사건이 총기규제 강화를 조장하려는 정부의 사기극이라고 반복해서 주장해 왔다. 학교에서 총에 맞은 아이들의 부모들이 사실은 돈을 받은 배우들이었다고 주장했다. 존스는 많은 파시스트 선동가 중 한 명에 불과하지만, 광적인 음모론들과 선동 댓글을 다는 정치 반대자들 사이의 경계가 해체됨을 예시해 준다. 존스가 자신이 폭로하는 미친 음모들을 실제로 믿든 안 믿든 상관없다. 그의 추종자 다수는 그의 주장들에 따라 행동하며, 이는 헛소리하는 하위-공공 영역을 만드는 데 일조한다.

존스는 음모론자들 가운데서 베테랑이다. 1990년대 후반부터 그는 미국정부가 주민을 '속이는' 방법들을 폭로해 왔다. 존스에 따르면 9/11공격은 부시 행정부의 작업이었고 오바마의 대통령직은 "미국국민이 전 세계의 노예제를 받아들이게 속이려는 시도"였다.[24] 2016년 대선기간에 인포워즈의 유튜브 월간 조회 수는 8300만에 도달했다. 동시에 젊은 세대의 파시스트 선동가들이 등장했고, 주목을 받기 시작했다. 그들 모두 자신의 웹사이트를 만들거나 폭스 뉴스를 비롯한 다양한 우익 뉴스 미디어의 논평자가 됨으로써 온라인에서 빠르게 이름을 알렸다.

마이클 체르노비치Michael Cernovich도 그중 한 명이다. 그는 2011년에 '픽업 아티스트'[ⓐ]를 위한 조언 사이트로 위험과 놀이Danger and Play라는 웹사이트를 시작했고, 그것은 곧 노골적인 반페미니스트 사이트가 되었다. 체르노비치는 데이트 강간이라는 관념을 일축하고 남자들에게 어떻게 "권력을 찾는 너의 고릴라 본성을 포용하고" 여자들을 지배할지 안내했다.[25] 2016년에는 자신의 사이트를 트럼프를 위한 정치 블로그로 바꾸고 힐러리 클린턴이 파킨슨병에 걸렸다고 주장했다. 클린

ⓐ   대상을 유혹해 성적으로 굴복시키는 기술을 뽐내고 가르치는 남자들

턴의 건강에 대한 그의 트위트들은 1억 회 이상 조회되었다.

체르노비치는 여타 가상공간들 중에서도 4chan@에서 번성하는 반페미니스트, 여성혐오주의 온라인 환경의 일부인데, 그 분위기는 대통령 출마를 결정했을 때의 트럼프와 일치했다. 데일 베란은 많은 온라인의 괴짜들과 불만과 유감이 많은 젊은 남자들을 끌어당기는 트럼프의 매력을 서술한다. 트럼프는 그들의 실패가 승리가 되는 변모였다. "불만을 품은 젊은 남성들은 인생에서 아무것도 이루지 못하고서도 마치 모든 것을 이룬 듯이 행세하고, 환상의 도구를 이용하여 그들의 패배 집단(4chan의 용어로는 그들의 '실패')을 '승리'로 탈바꿈할 수 있는 인물이 나타나기를 기다리는 것과 같았다."26 트럼프는 희망 없음이라는 이 온라인 문화의 거울이었다. 희망 없음의 패러다임적인 모습은 선동적인 댓글을 다는 백인 청년 실업자이다. 그들은 부모 집 지하실에 살면서 하루 종일 온라인게임을 하며, 일본 애니메이션에 집착하고, 온라인에서 사람들을 놀리거나 괴롭힌다. 기존 언론이 트럼프를 경멸하는 점이 이 환경에서는 트럼프에 대한 끌림을 강화시켰을 뿐이다. 트럼프

@   익명으로 영어 기반 이미지를 올릴 수 있는 웹사이트로 2003년에 출발했다. 인터넷의 많은 '밈(meme)'이 이곳에서 만들어져서 유행했다. 2022년에는 월간 조회수가 2200만이었고, 그 절반은 미국에서의 조회였다.

의 우스꽝스러운 성격은 자산이 되었고, 그의 엉터리없음이 일반 정치인보다 엄청난 호감을 주었다.

트럼프의 출마가 존스와 같은 파시스트 독단적 선정적 언론인들과 체르노비치와 같은 인터넷 선동가들에게는 마침내 정치적 대의뿐 아니라 그들의 적들에 대항하여 결집할 더 넓은 발판이자 일종의 출발점이 되었다. 그들에게 적이란 여성, 정치 시스템, 그들이 좌파라고 상상하는 자들, 그리고 정치체계로부터 어찌되었든 혜택을 받는 모든 종류의 소수자들이다. 체르노비치는 자신의 여성혐오적인 자기계발 코스를 트럼프의 선거운동과 재빨리 결합시켰다. 2016년 10월에 그는 『MAGA 사고방식: 당신과 미국을 다시 위대하게 만들기MAGA Mindset: Making You and America Great Again』라는 책을 출간하였고, 그 책에서 트럼프의 상승세를 독자의 삶에 대한 지침으로 활용했다. 트럼프는 그 호의에 재빨리 응답하며 체르노비치를 리트윗했다. 트럼프는 혐오에 찬 온라인 전사들과 함께 했다. 그는 존스의 쇼에 출연했을 때 체르노비치를 칭찬했다. "당신의 평판은 놀랍습니다. 실망시키지 않겠습니다. 매우, 매우 감동하시길 바랍니다."

온라인 플랫폼 기업들은 가장 혐오에 찬 파시스트 계정들을 금지하는 조치를 매우 주저해 왔다. 그렇게 하는 것이 또한 그

브랜드 자체의 이익에 해가 되기 때문이다. 2021년 1월 트위터가 마침내 트럼프의 계정을 폐쇄하기로 결정했을 때 트위터는 25억 달러의 시장가치를 잃었다. 이는 트럼프가 사용자를 끌어들이고 그 사이트에 머무르면서 그가 말한 것을 읽고 그 과정에서 광고를 스크롤하면서 생성했던 액수를 2017년 한 분석가가 추정했던 것과 일치한다.[27] 대형 디지털 기업들이 극우 자료에 대해 너무 비판적이지 않을 때 얻을 수 있는 경제적 보상이 있다.

마크 저커버그는 사용자가 원한다면 홀로코스트 부정과 인종차별적인 자료를 페이스북에 올리는 것에 아무 문제가 없다고 거듭 진술했다.[28] 그리고 페이스북은 노골적인 증오 발언과 가장 정신 나간 음모론을 공개적으로 방영하는 인포워즈와 같은 가장 터무니없는 계정에 대해서만 조처했을 뿐이다. 다른 많은 온라인 파시스트들은 금지된 적이 없다. 체르노비치와 같은 사람들은 자기의 가장 과도한 주장들을 완화하고 "알트라이트Alt Lite"[ⓐ]와 '대안우파Alt Right'라고 일컫는 자들과 자신을

ⓐ 대안우파와 뉴라이트(new right)라고도 알려진 구성원들이 스스로를 보수주의와 극우 둘 다의 주류로부터 분리된 것으로 생각하는 우익 정치운동에 대한 느슨한 정의이다. 주로 미국에서 2017년에 등장했고 우익의 대중영합주의를 위한 모든 자료를 평가한 관찰자들이었지만, 2024년경에는 대중담론에서 거의 희미해졌다.

구별하면서, 자신은 인종차별주의자나 백인 내셔널리스트가 아니라고 주장한다. 이것은 거의 의미가 없는 구별이지만, 주류가 되기 위해 스스로를 구별하는 것이 가능하고 중요해진 환경이 자라나고 있음을 보여주는 신호다. 이 과정에서 노골적인 나치 상징은 성조기와 엉클 샘Uncle Sam[a] 같은 미국적인 상징으로 대체되어, [그들에게서 등을 돌릴지도 모를] 잠재적 개종자가 그 방향을 바꾸지 않도록 만들었다.[29]

마르크스주의 사냥꾼과 외로운 늑대

2016년 트럼프 당선 이후 온라인 파시즘의 확산과 주류 언론의 파시스트 음모론 재-유포는 프라우드 보이즈와 같은 더 노골적으로 폭력적인 파시스트 집단들을 위한 문을 열어주었다. 작가이자 논평가인 개빈 맥킨스Gavin McInnes가 2016년 말에 세운 프라우드 보이즈는 2020년 여름 조지 플로이드 시위가 일어난 동안 오스 키퍼스Orth Keepers와 같은 다른 파시스트 전

---

[a] 미국 연방정부나 미국 일반을 민족적으로 의인화한 것으로 19세기 이래로 미국문화에서 미국정부의 대중적인 상징이자 애국심의 표상이다.

사들과 합류하여 '흑인의 생명도 소중하다Black Lives Matter' 시위와 안티파 시위를 표적으로 삼았다. 8월 25일, 그 시위자들 5명에게 '법집행자의 생명도 소중하다Blue Lives Matter'의 열렬 추종자인 17세 어거스트 카일 리튼하우스August Kyle Rittenhouse가 총을 발사해 두 명이 사망하고 한 명이 부상을 입었다. 리튼하우스는 일리노이주에서 위스콘신주 케노샤Kenosha까지 와서 지역경찰을 도운 거라고 말했다. 지역경찰이 비무장 아프리카계 미국인 남자인 제이컵 블레이크Jacob Blake에게 총을 쏜 일로 시위자들은 거리로 나와 경찰과 충돌했다. 한 전직 지역 시의원은 시위자들에 맞서 '케노샤를 방어하기' 위한 자경단 조직을 요청했다. 리튼하우스는 이 요청에 응해 백인 준군사 친-경찰 집단에 합류했다. 동영상에서 리튼하우스와 다른 중무장한 자경단원들이 물을 구하면서 경찰과 떠드는 것을 볼 수 있다. 리튼하우스는 치명적인 총격을 가한 후 바로 경찰을 지나쳐 걸어갔고, 목격자 예닐곱 명이 경찰에게 체포하라고 외쳤음에도 경찰은 그를 체포하지 않았다. 리튼하우스는 다음 날 자수했다.

트럼프 선거캠프는 리튼하우스를 부인했지만, 트럼프 자신은 그를 옹호했고 그가 분명히 자기방어로 행동했다고 말했다. 그는 또한 "카일 리튼하우스는 내가 트럼프에게 투표하기로 결정한 이유의 좋은 예"라는 트위트에 '좋아요'를 눌렀다. 폭스 뉴스 진행자 터커 칼슨Tucker Carlson은 리튼하우스를 옹호하며 당국을 비난하고 "아무도 질서를 잡지 않을 때 17세 소년이 소총을 들고 질서를 유지하기로 결심했다"는 것에 누군들 왜 놀라겠는가 물었다. 불법이민과 반공주의에 대한 수많은 베스트셀러의 저자이자 자칭 전문가인 앤 콜터Ann Coulter는 리튼하우스가 대통령이 되기를 원한다고 트위트에 올렸다.[30]

2020년 여름 동안, 백인 자경단은 필라델피아에서 시카고에 이르기까지 미국 전역의 여러 도시에서 인종차별적 흑인살해에 반대하는 시위자들을 죽였을 뿐 아니라, 몇몇 집단들은 정치인을 납치하고 지역 주정부를 폭력적으로 전복할 계획을 세웠다. 2020년 10월 FBI는 미시간주에서 자경단원 27명을 체포해서, 주지사 그레첸 휘트머Gretchen Whitmer 납치·모의 혐의로 기소했다. 2021년 1월에는 총과 깃발과 셀카봉으로 무장한 트럼프 지지자 수천 명이 위장복과 영화 〈브레이브하트Braveheart〉의 주인공 의상을 입고 국회의사당을 기습했는데, 이는 트럼프 자신이 2020년 대선결과의 비준을 막으려고 선동한 것이었다. 이것은 진짜 미국 국민의 가장 진부한 버전인, 경찰의 무대책에 의해 가능해진 폭력적인 소동sharivari으로써 '법과 질서'를 강요하는 일이었다. 그 쿠데타가 이번에는 성공하지 못했고, 지역 자본가계급을 이끄는 자들이 지금은 바이든에게 기대기로 결정했다. 그러나 그것은 바뀔 수도 있다. 경제위기와 정치위기가 악화되기만 할 가능성이 아주 높다. 이것은 지배계급을 압박하여 트럼프 같은 인물에게 권력을 넘길 수도 있다. 그가 허망한 권력과 행복의 회복을 추구하는, 분노하고 절망한 중산층을 중재할 수 있을 거라고 생각하면서 말이다.

이런 악화의 온라인 버전이 4chan이 주도한 큐아논QAnon 음모ⓐ였다. 그것에 따르면 트럼프가 자유주의 사탄숭배 아동 추행범들의 '딥 스테이트deep state'ⓑ 음모로부터 세상을 구하게 되어 있다는 것이다. 할리우드 배우들, 민주당 정치인들, 정

ⓐ 큐아논은 미국의 극우의 정치적 음모이론이자 정치운동으로 2017년부터 유래한다. "Q"라고 알려진 익명의 한 개인이나 개인들에 의해서 날조된 주장들이 중심에 있다. 그 주장들은 온라인 공동체들과 인플루언서들에 의해 전달되고 이어지면서 발전된다. 그 핵심 신념은 사탄적인 도당들, 인육을 먹는 아동 추행범들이 전 지구적인 아동의 성 밀매조직을 운명하면서 트럼프 대통령에 반대하는 음모를 꾸몄다는 것이다. 그 뿌리는 그 한 해 전에 나타났던 인터넷 음모이론인 피자게이트에 뿌리를 두지만 또한 다른 많은 이론들의 요소들을 합쳐놓았다. 하나의 종파로도 묘사된다.

ⓑ 미국의 정치 음모론에 따르면, 이것은 연방정부 구성원들의 은밀한 네트워크다. 특히 FBI와 CIA 내부에 있으며, 금융과 산업의 고도의 실체들과 지도자들과 관련하여 작용하며 선출된 미국 정부와 나란히 또는 그 안에서 권력을 행사한다고 한다. 원래는 1950년대 이래로 터키에서 사용되던 용어인데, 미국에서는 트럼프 재임기간에 주로 언급되어 2017년과 18년 여론조사에 의하면 미국 국민의 절반가량이 실제로 딥 스테이트가 존재한다고 믿는다고 한다.

부 관리들, 조지 소로스 같은 유대인 금융가들의 도당들이 전 지구적인 아동성매매 조직을 운영하고 있는데, 트럼프가 그 도당들과 싸우고 있으며, 그 조직원 수백 명을 체포할 '폭풍'을 준비하고 있다는 것이다. 2020년 8월에 큐아논의 활동을 제한하기 위한 시도로 페이스북은 수백만 명의 팔로워를 보유한 수천 개의 페이지를 삭제했다.

온라인 파시스트는 미국에서 특히 많이 나타나는 장면이지만, 거의 어느 곳에서나 주류에 스며든 온라인 파시스트들을 보게 된다. 영국에는 토미 로빈슨Tommy Robinson이 있다. 그는 신나치 영국국민당neo-Nazi British National Party의 이전 당원이자 이슬람 혐오의 영국방어연맹English Defence League의 창립자이다. BBC에 예닐곱 차례 출연한 로빈슨은 이슬람, 소아성애, 테러의 연관성을 그럴듯하게 말하는 데 특화되어 있으면서도, 말하는 내내 자신은 무슬림에 반대하지 않는다고 주장한다.[31] 덴마크에는 라스무스 팔루단Rasmus Paludan이 있다. 그는 자신이 코란에 침을 뱉거나 바닥에 던지고 코펜하겐의 좌익 커뮤니티 센터들 앞에서 정치적 연설을 하면서 지나가는 사람들을 도발하는 단편 영상들을 유튜브에 올려서 악명이 높아졌다. 팔루단은 그리고 강경노선Stram Kurs이라는 당을 창당하고 덴마크에서 모든 '비서구'인을 추방하는 정책을 내세웠다. 팔루단 및 그와 같이 생각하는 논객들은 덴마크 매체에서 엄청나게 성공했고, 표현의 자유에 대한 제한이라고 자신이 인식하는 것을 위해 늘 망을 보며 오버턴 창Overton window[a]을 끊임없이 확장하고 또 닫는다. 무슬림은 어떤 종류의 이슬람 혐오 발언도 용납할 준비가 되어 있어야 하며, 돼지고기는 학교급식에서 의무적으로 제공되어야 하고, 이슬람 사원은 덴마크 안에서 허용되어서는 안 된다는 식이다. 팔루단과 또 다른 파시스트 정당인 새빛Ny Borgerlige이 등장한 것은 덴마크인민당Danish People's Party의 이슬람 혐오적인 제안들이 주류가 되고 사회민주당 정부에 의해 대부분 채택되었을 때였다. 덴마크 인민당은 2015년 선거에서 21% 이상의 득표율로 덴마크에서 두 번째로 큰 정당이 되었다. 그러나 2019년에는 득표율이 절반 이하로 줄었지만, 그 정책들은 이미 시행되고 있었다. 덴마크 인민당이 내부에서 파열되자 훨씬 더 극단주의적인 목소리를 위한 문이 열렸고, 덴마크 의회의 모든 정당이 승인한 이미 매우 엄격한 이민 정책들을 정상화했을 뿐 아니라 소위 옥죄기의 새로운 판을 열

---

[a] Overton window 란 어떤 시기에 주류 인구에게 정치적으로 수용될 수 있는 정책의 범위를 의미한다. 담론의 창(window of discourse)으로도 알려져 있다. 이 용어는 미국 정책분석가인 오버턴(Overton)의 사후에 그의 동료 조지프 레먼(Joseph Lehman)이 그의 발상을 발전시키고 그의 이름을 붙였다.

었다. 2018년 봄, 당시 라스 뢰케 라스무센Lars Løkke Rasmussen의 자유당Venstre 정부의 이민·통합·주택부 장관인 잉게르 스퇴이베르크Inger Støjberg가 덴마크 이민법의 50번째 '강화'를 축하하는 전통적인 덴마크식 생일 케이크를 들고 찍은 사진을 올렸을 때, 덴마크 인민당은 그 법의 100번째 강화 기념 케이크를 약속했다. 스퇴이베르크는 사회민주당의 마티아스 테스파예Mattias Tesfaye로 교체될 때까지 그 법을 114번 강화해 냈고, 테스파예는 그 뒤를 이어 인종차별 정책을 더욱 고조시켰다.

정치인들의 끊임없는 공포조장과 2010년 이래로 백인 내셔널리스트들이 이주민, 무슬림, 유대인 또는 좌파를 살해할 목적으로 시도한 100건 이상의 테러공격 사이에는 분명한 연속성이 있다. 2011년 노르웨이 오슬로 도심에서 폭탄을 터뜨리기 직전, 안드레스 브레이비크Andres Breivik는 1400페이지가 넘는 선언문, "2083-유럽 독립선언"을 1003곳에 이메일로 보냈다.32 몇 시간 후, 그는 우토야Utøya섬에서 사회민주당의 노르웨이 청년부원 69명에게 총격을 가했다. 자신의 선언문에서 그는 쇠퇴의 그림을 그렸다. 이슬람과 페미니즘이 협력하여 유럽의 기반을 침식하려고 한다. 이것에 대하여 모든 수단으로 반드시 대응해야 한다고 말이다. 브레이비크는 페미니즘이 서구를 내부로부터 침식하고 있으며, 남자들을 거세함으로써 서구를 약화시켜 이슬람이 장악할 공간을 만들어내고 있다고 주장한다. 이 선언문의 일부는 착란적인 정치적 복사, 붙여넣기이고, 다른 일부는 개인적인 이야기이다. 그는 페미니스트인 자기 어머니와 남성적이지 않은 규범이 특징인 그로 할렘 브룬틀란Gro Harlem Brundtland 노르웨이 전 총리와 같은 여자들이 지배하는 문화에 의해 자신이 어떻게 거세되었는지를 묘사한다. 이 쇠퇴에 대한 해결책이 폭력적인 반대이다. 브레이비크는 상상 속의 군인이 되어 자신의 손으로 문제를 해결함으로써 유럽을 지키겠다고 다짐했다. 그가 상상한 애국적 경계심의 한 부분은 여자들과의 접촉을 최소화하는 것이었다. 브레이비크는 여자 친구가 없지만 자신이 주의 깊게 계획한 잔학행위를 사전에 성적으로 축하하기 위해 "프라하에서 고급 모델 창녀 두 명"을 고용했다고 말한다.

클라우스 테벨라이트Klaus Theweleit의 『남성 판타지Male Fantasies』는 안드레스 브레이비크와 같은 자칭 자유의 투사들의 주관성에 대한 좋은 통찰을 제공한다.33 테벨라이트가 자세히 밝혀냈듯이, 1918~1923년 독일혁명 진압에서 역할을 했던 내셔널리즘 준용병들의 군사주의적이고 여성혐오적인 태도는, 경계들이 즉 독일의 국경뿐 아니라 자신의 신체적 경계가 해체되는 것에 대한 두려움에 의해 그리고 그 두려움의 결과로 신체의 단단함과 철벽임을 확인하려는 반응적 욕구에 의해 추동된 것이었다. 그 의용군Freikorps이 행사한 전멸시키는 폭력은 제1차 세계대전이 끝난 후 독일의 도시들과 국경지역을 공포에 떨게 했는데, 그것은 독일이라는 나라의 테두리와 자신들의 몸의 테두리를 안전하게 하려는 필사적인 시도였다. 그 병사들은 모든 종류의 흐름과 움직임들을 성적인 것과 여성적인 것뿐 아니라 공산주의와도 연관시키면서 공포증적인 저항을 표출했다.

테벨라이트가 독일 의용군에서 발견한 낯선 몸에 대한 성적으로 충전된 두려움은 브레이비크의 시각적인 자기연출에도 나타난다. 그는 유럽을 위해 싸우는 민병대원이자 더 높은 대의에 헌신한 프리메이슨 대사제로 포즈를 취한다. 브레이비크가 우토야에서 입고 있던 경찰복을 포함한 다양한 제복들은 그가 용병이나 "마르크스주의자를 잡는 사냥꾼"으로 변신하는데 중요한 장비나 용품이었다. "마르크스주의자를 잡는 사냥꾼"이란 말은 인터넷에 올린 사진에서 그가 입은 제복 중 하나의 소매에 적혀 있었고 그의 선언문에도 포함되어 있었다. 이 복장은 그저 위장을 위한 것이 아니다. 브레이비크가 계획한 과제, 즉 이슬람의 침략을 막고 질서를 재건하기 위해 임무를 수행하는 자유의 투사로서 자신을 무기화한 것이다. 그는 강하고 깨끗하며 오염되지 않은 모습으로 보이기를 원했다. 사진들 속에서 브레이비크는 따라서 자신을 멋진 사형집행자이자 영웅으로 만들고, 자기애와 흥분으로 가득 찬 모습을 보여준다. 그는 지금 자기운명의 주인이며, 유럽의 기반뿐 아니라 자신의 기반도 침식하려고 위협하는 흐름과 움직임을 통제하고 막을 수 있다.

우토야 총격사건의 생존자들에 따르면 브레이비크는 누군가를 쏠 때마다 기뻐 환성을 질렀다고 한다. 그의 행동에는 명확하게 에로틱한 차원이 있었다. 브레이비크는 젊은이들을 죽이는 것을 즐겼다. 그는 자신의 힘과 주체성을 과시하고 있었다. 그는 반역자들을 처벌하는 임무수행 중이었다. 그는 유럽을 방어하고 있었고 자신을 유럽 방어의 전위대로 재창조하고 있었다. 내부 세력과 공모하여 '원래' 기독교적인 유럽 문명을 굴복시키고 파괴할 준비가 되어 있는 강력한 외적에 맞서기 위해서 말이다. 무력과 폭력으로 혼돈의 대중을 형성하고, 사람들에게 역사적 사명을 일깨우고, 다문화주의를 막고, 내부의 이방인을 폭력적으로 소멸시키기 위해서 말이다. 브레이비크는 범죄자보다는 신에 가까웠으며, 그러므로 사진에서 자기애적 확신과 자기만족에 찬 표정을 분명하게 볼 수 있다. 제복은 통제의 신호다. 브레이비크가 책임지고 모든 것을 그 자신의 손에 둔다. 그것이 또한 그가 재판 동안 프리메이슨 휘장이 달린 제복이나, 그것이 불가능할 경우 흰색 넥타이에 연미복을 입고 출석하겠다고 우겼던 이유이다. 외모가 모든 것이다. 강하고 장악하고 있음을 보이는 것이 브레이비크에게는 자신을 여성의 간섭 없이 외국의 영향력에 오염되지 않은 전능한 주체로서 탄생시킬 수 있는 방법이었다.

브레이비크의 뒤를 이어 자신을 자유의 투사라고 믿는 비슷한 생각을 가진 '외로운 늑대' 공격자들이 줄을 이었다. 2012년 마이클 페이지Michael Page는 위스콘신주, 오크 크릭의 한 시크교Sikh 사원에서 7명을 총으로 살해했다. 딜런 루프Dylan Roof는 인종전쟁을 일으키길 바라면서 2015년 찰스턴의 한 교회에서 아프리카계 미국인 9명을 죽였고, 자신의 행동을 '마지막 로디지아인Last Rhodesian'[a]이라는 사이트에서 [다음과 같이] 설명했다.

나에게 선택의 여지가 없다. 나는 혼자 빈민가에 들어가 싸울

---

[a] 로디지아는 과거 영국의 식민지였던 아프리카 남부지역으로, 1965~1979년까지는 남아공으로부터 국가로 인정되지 않은 채 백인 소수지배층이 남아공에서처럼 인종분리정책(apartheid)을 시행했던 곳이다. 지금은 독립된 짐바브웨 공화국 영토에 속한다.

수 있는 처지가 아니다. 내가 찰스턴을 선택한 이유는 우리 주에서 가장 유서 깊은 도시이자 한때 전국에서 백인에 대한 흑인의 비율이 가장 높았기 때문이다. 이곳에는 스킨헤드도 없고, 진짜 KKK단도 없고, 인터넷에서 말하는 것 말고는 아무도 아무 것도 하지 않는다. 그러니, 누군가는 용기를 내서 그것을 현실세계로 가져가야 하는데, 내 생각에는 그게 바로 나다.

2018년 로버트 바워스Robert Bowers는 소셜 네트워크 갭Gab에 "가만히 앉아서 내 국민이 학살되는 걸 지켜볼 수 없다. 네 의견은 집어치워, 난 들어갈 거야"라는 글을 남기고 피츠버그 회당에서 11명을 죽였다. 브렌턴 태런트Brenton Tarrant는 2019년 3월 뉴질랜드 크라이스트처치 모스크에서 51명을 사살했다. 이슬람 사원 두 군데에 들어갔던 그는 첫 번째 총격을 페이스북으로 생중계했다. 그 공격 전에 그는 브레이비크를 언급하며 '위대한 교체The Great Replacement'라는 온라인 제목 아래 밈으로 가득 찬 선언문을 발행했다. 2019년 8월에는 패트릭 크루시우스Patrick Crusius가 댈러스 외곽의 자기 집에서 650마일 이상을 이동하여 엘파소로 가서 월마트 한 매장에서 46명을 쏘아 23명을 죽게 했다. 공격하기 전 크루시우스는 "가능한 한 많은 멕시코인을 죽이고" 싶다는 반이민 선언문을 8chan@에 게시했다. 그는 그 공격을 "히스패닉의 텍사스 침공에 대한 대응"으로 생각했다. 이런 나열은 계속될 것이다. 가해자 중 많은 자가 유튜브나 기타 온라인 플랫폼에서 급진적이 되었고, 존스나 팔루단 같은 파시스트 방송인들뿐 아니라 유럽과 미국 전역의 수많은 정치인들이 지닌 반이민정서를 반영한다. 외로운 늑대들은 자신이 지속되고 있는 '백인 학살'에 저항하는 입장을 취하고 있다고 생각하면서, 종말적인 인종전쟁이 발발하여 마침내 어떤 공간을 청소하고 이국적으로 오염된 몸의 정치를 제거하기를 바란다.

외로운 늑대들이란 후기 자본주의 사회에서 사회성의 붕괴가 특히 폭력적으로 표출된 것이다. 그들은 통제를 벗어난 상황과 깊은 경제위기에 대한, 그리고 그 상황에서 아무 기약 없어 보이는 미래에 대한, 하나의 군사적·반동적 반응이다. 그들은 그 위기의 화신이 되어 무슬림, 여성, 좌파, 정부, 유대인을 비난한다. 그들은 통제력을 잃고 절망적으로 다시 되찾기를 원하거나 적어도, 유명한 사람이 되고 싶어 한다. 어떤 다른 것

....

ⓐ 사용자가 만든 메시지 보드로 이루어지는 이미지 보드 웹사이트이다. 백인우월주의, 신나치즘, 인종차별주의, 반유대주의, 증오범죄, 대량 총격과 연결되어 왔다. 이 사이트에서 아동포르노를 운영하는 것으로 알려져서 2015년 구글 검색에서는 나타나지 않게 되었다.

도 될 수 없다면 자신의 악행으로 알려지고 절망의 영웅, 죽음의 영웅이 되고 싶어 한다. 음모론이라는 기름으로 채워진 그들은 공포와 증오라는 온라인 주식시장에서 잘나가기를 바란다. 거기에는 편집증, 증발하는 열정, 선정주의가 인종차별적 밈, 스너프 포르노snuff porn,@ 무분별한 괴롭힘과 뒤섞여 있다. 후기 자본주의의 디지털 플랫폼은 사람들을 원자화시키고 서로에게서 떼어낸 다음 그들을 온라인 군중들의 분노로만 겨우 재결합시킨다.

기 드보르를 통해 우리는 이것이 자본축적의 현 단계를 특징짓는 '일상의 식민화'에서 한 걸음 더 나아간 것으로 이해할 수 있다.34 인간 사회성의 점점 더 많은 측면들이 시장의 논리에 종속되어 왔다. 그 결과는 박탈감이다. 그것은 심리적인 위

@   스너프 필름 또는 스너프 비디오란 돈을 받고 실제 살해 장면을 촬영한 영화를 말한다. 이 개념은 은밀한 산업이 돈을 위해서 이런 영화를 만든다는 도시괴담을 통하여 1970년대에 일반 대중에게 알려졌고, 1976년 〈스너프(Snuff)〉라는 영화가 개봉되면서 그 소문이 부풀려졌다. 사실을 확인하는 웹사이트인 Snopes에 따르면 진짜 상업적으로 제작된 스너프필름으로 확인된 것은 없다. 온라인으로 접할 수 있는 실제 살인의 비디오는 자기만족이나 선전 목적으로 만들어지거나 방영되었을 뿐 상업적인 것은 없었다. 그러나 스너프 필름인 것처럼 꾸민 포르노그래피는 많이 생산된다. 콜린스 영어사전은 스너프 영화를 "의구심이 없는 여배우나 남배우가 영화의 절정에서 살해당하는 포르노 영화"라고 정의한다. 케임브리지 사전은 "진짜 살인을 보여주는 폭력영화"라고 더 넓게 정의한다.

기이며, 소셜 미디어로는 강화될 뿐이다. 소셜 미디어에서 우리의 디지털 아바타들은 '좋아요' 및 어떤 종류의 승인이든 인정받으려고 헛되이 애를 쓰면서, 가장 기괴하거나 복수심에 불타는 (자기)파괴적인 활동들에 연루되기도 한다. 후기 자본주의 사회에서는 재현이 최고로 지배하며 초월적인 것과 구체적인 것 둘 다를 흡수한다. 이것은 어떤 종류의 사회성도 없는 사회이고, '연합'이나 '공동체'가 아무 의미 없는 사회다. 우리는 거울의 게임에 갇혀서 자신 말고는 아무 것도 마주하지 않고, 우리가 만들어내는 재현들을 끝없이 소비한다. 드보르에게 스펙터클spectacle[a]은 자본지배의 업적이다. 즉 역사성을 끝없이 쫓아내고 정체성들을 고정시키면서 이미지에 기반을 둔 지배형식으로써 뭉쳐진 하나의 계급 없는 계급사회이다. 모든 것이 이미 이 스펙터클의 한 부분이다. 이 책의 제사題詞로 적은 드보르의 말이 그것을 잘 말해준다. 가짜가 완전히 다른 자질을 지닌다.[35] 2020년 크리스챤 디올의 가을/겨울 쇼에서 클레어 퐁텐Claire Fontaine이 그랬듯이, 패션쇼에서 급진적 페미니스트 슬로건을 배경으로 내내 이용하면서 국제적인 명성을 지

---

[a] 거짓의식의 한 형태로서 기 드보르에 의하여 하나의 사회적 관계로 묘사된다. 그 관계 안에서 소외된 개인들이 스펙터클한 유사-세상을 통해 사회 전체와 연관된다는 것이다.

2장 **파시스트 스펙터클** 139

닌 예술가이자 비판적인 체할 수 있다. 현대미술에서 비판성과 닮은 어떤 것도 거두어짐이 드보르를 강타했을 것이다. 현대미술은 무엇인 체하는 것에 대해 더 이상 묻지도 않는다.

상상과 현실이 융합되어 버렸다. 그것들 사이에는 그저 어떤 빈틈도 없고, 다른 어떤 것으로 해석될 수 없는 것은 하나 없다. 불확실성, 모호함, 비타협적인 비밀, 답변이 없는 거짓, 가설이 있지만, 그런 것들은 결코 입증될 수 없다. 진실은 무한히 조작될 수 있다. 안정에 대한 약속은 영구한 불안정의 상태로 포장되어 있다. 거기서 모든 것이 허용되고, '법과 질서'가 정부의 불법을 승인한다.

후기 자본주의 사회가 텅 비었음은 눈에 잘 띄지 않게 숨겨져 있다. 노동계급은 사라졌다. 오늘날 '노동자'는 외국인에 대한 증오의 통로가 되는 정치적 정체성으로 호출된다. 계급투쟁은 나쁜 정체성 정치가 되어버렸고, 좌파와 우파라는 낡은 정치적 이분법은 마침내 의미 없어 보이게 되었고, 구식 국가 민주주의의 정치적 스펙터클을 유지하는 패턴이 되었다. 끊임없는 교체와 조작이 일상의 질서다. 정치가 긴 시간에 걸쳐 비즈니스가 되어버리면서 기괴한 파시스트 인물들의 재등장이 [기성] 정치에 대한 유일하게 가능한 반대가 되고 있다. 그 인물들은 자신을 대안으로 제시하지만 민주주의 제도의 동공화를 확인시키고 화폐경제와 '민족국가에 대한 부정을' 무기한 연기할 뿐이다. 종교적 미신과 오래된 형태의 새로운 내셔널리즘은 상처받은 패권국인 미국에만 있는 게 아니다. 이미지 보정 앱인 페이스튠Facetune의 즉석 만족이, 거의 어디서나, 잃어버린 공동체들에 대한 훨씬 더 공허한 참조와 나란히 가고 있다. 스펙터클 2.0ⓐ은 꿈꾸던 사회적 관계들에 대한 향수를 불러일으키는, 점점 더 폭력적인, 매혹 요소들을 다시 불러오기에 이상적인 환경이다.

슬그머니 스며드는 파시즘

파시즘은 사회적 영역 전반에 흩어져 있다. 무의식적인 동질감과 기대들이 들어 있을 뿐 아니라 유순하게 복종하는 형태

ⓐ 이 용어는 스팩타클에 대한 기 드보르의 이론을 디지털 21세기 자본주의의 틀 안에서 다시 재구성한 브리지아렐리와 아르마노(Briziarelli & Armano)의 책 『스펙터클 2.0(Spectacle 2.0)』의 제목이기도 하다 . 이 책은 그 개념을 디지털과 미디어의 시나리오 안에서 제시한다. Spectacle 2.0이 상호작용하는 네트워크로 작동하면서 어떤 단일한 (그러나 모순적인) 언어와 다양한 가상적인 것들을 통해서 연결되며, 물류, 금융, 뉴미디어와 도시화와 같은 다양한 생산의 맥락을 연합시키고, 따라서 상품화와 착취와 사물화의 과정으로써 대부분의 사회영역을 식민지로 만든다는 것이다.

로도 있는데, 그것이 치명적으로 변해서 파시스트 정당이나 운동과 같은 거시적 정치로 변모할 수 있다. 사실상 파시즘은 지난 10년 동안 이미 유럽정치를 아주 결정적으로 변형시켰다. 어떤 파시스트 대통령이나 총리가 등장하길 기다릴 필요도 없다. 극우정당과 파시스트정당의 존재가 유럽에 들어오려는 난민과 이주노동자들에게는 이미 아주 나쁜 결과들을 초래해 왔다. 유럽에 있거나 유럽으로 오려고 하는 이민자들은 이미 존 버거John Berger가 '경제적 파시즘'이라고 부르는 것으로 성격이 규정되는 상황 속에 산다.36 프로젝트 프론텍스Frontex[ⓐ]와 셍겐 조약Schengen agreement에 요약되어 있는 잔인한 이민정책에 따라 이주자들은 그들에게 어떤 일이든 일어날 수 있는 파시스트 지역들에 배치된다. 물론 유럽에 닿으려는 경우에 특히 그렇지만, 유럽연합에 입국할 수 있어서 수용소에 배치되거나 무허가로 일하고 있는 이주자들의 많은 경우에도 마찬가지이다. 유엔난민기구UNCRA에 따르면 전 세계에는 거의

ⓐ 이 기구는 유럽연합 본부 산하 폴란드 바르샤바에 있는 '유럽 국경 및 해안 경비대(European Border and Coast Guard Agency)'를 일컫는다. 회원국의 국경 및 해안 경비대와 협력하여 셍겐 조약의 구역의 국경을 통제한다. 공식적으로 이 기구의 소관은 회원국이 국경을 지키는 노력을 지원하는 것이고 국경 수비가 셍겐 지역이 기능을 못할 정도로 위태로워지지 않는 한 독자적으로 행동할 권한은 없다.

8000만 명의 난민이 있다. 수백만 명이 유럽에 도착했고, 수천 명이 유럽대륙에 도달하려다 사망했다. 2019년에는 1885명이 지중해를 건너다 목숨을 잃었다. 그들의 운명은 아프리카인을 노예로 강제 이주시켰던 과거를 떠올리게 한다. 그때나 지금이나 이들의 목숨은 위기에 처한 채굴자본주의를 위한 연료로서 말고는 아무 가치가 없다. 그들은 국경 순찰대와 경찰의 처분에 맡겨져 인간쓰레기 취급을 받는다. 그들이 이송되거나 국경 안팎의 예외적인 공간에 갇혀 야영할 때에 거의 어떤 일이라도 일어날 수 있다.

서론에서 썼듯이 '파시즘'이라는 용어는 오늘날 각기 달리 기능한다. 한편으로는 이 용어가 정치체계를 연합시키는 데 이용된다. 그 정치체계는 파시즘을 20세기의 재앙으로 보고 그 파시즘의 잔인함에 대한 반대를 표방하는 진영이 되어버린, 파시즘에 대한 반대진영으로서의 자유주의 의회민주주의다. 다른 한편, 이 용어에는 이상하게도 탈정치화 하는 기능도 있다. '인간 연기의 시대the age of human smoke'[a]에서 최악의 과잉

---

[a] 2008년에 출판된 『인간 연기: 제2차 세계대전의 시작과 문명의 종말(Human Smoke: The Beginnings of World War II, the End of Civilization)』이라는 책 제목에서 따온 말로 파시즘이 극성을 부린 두 번의 세계대전 사이의 시기를 표현하기 위해서 인용되었다. 그러나 이 책의 저자인 니콜슨 베이커(Nicholson Baker)는 역사학자가 아니라 소설가, 에세이스트

이었던 파시즘이 파시즘을 막기 위해 행한 모든 종류의 정치적 타협을 정당화해 준다. 파시즘을 피하려는 시도가 현대 파시스트 정당들이 요구하는 것과 본질적으로 동일한 정책들을 정당화시켜 주는 역설적인 상황에 우리가 놓여 있다. 이것을 서유럽 전역에서 보고 있다. 거기서는 파시스트정당들의 위협이 이미 매우 엄격한 망명법 및 이민법에 대한 추가 제한을 정당화하는 데 이용된다. 그 법들도 늘 백인보호주의의 한 형태였던 사회국가, 즉 지난 40년 동안 극단적 중도extreme-centre 정당들이 해체하느라 바빴던 사회국가를 구하기 위한 절박하고 불가능한 시도였지만 말이다. 파시스트의 희생양 놀이에 대중이 끌려드는 것에 위협을 느끼며 긴축 외에는 아무것도 할 수 없는 자신의 무능력에 몰린 극단적 중도파 정당들은 결국 파시스트의 왜곡과 유사합리화에 동조했고 동시에 파시스트의 위험을 경고하면서도 파시스트 정당들이 외치는 변화들을 실행했다.

유럽 전역에서 각국 정부는 파시스트정당들의 성장으로 인한 압력에 속수무책이었고, 대부분의 유럽국가에서 공론의 장

이지만 자료에 근거한 묘사로 유명한데, 제2차 세계대전의 연합군 참전 배경에 대한 기존의 지식을 뒤집는 이 책에 대해서 역사학자들의 많은 비판이 있었다.

은 크게 변질되었다. 공영 텔레비전, 신문, 소셜 네트워크는 이제 새로운 파시즘의 저속함과 불평을 가지고 인기를 얻는다. 그리고 정부들은 결국 주민의 기분에 맞춰 이주민, 무슬림, 소수자를 표적으로 삼고 재설계하는 데 공모하여 왔다.

이런 식으로 장단 맞춰주는 것을 프랑스 및 대부분의 나라에서 우리는 보아왔다. 사르코지, 올랑드, 그리고 현재 마크롱의 난민정책들은 본질적으로 르펜의 정책을 그대로 베낀 것이다. 국민전선의 전신인 국민연합의 부상이 모든 거대 정당들을 서서히 점점 더 이민 제한 입장으로 향하도록 밀어붙였다.

덴마크에서 외국인 혐오 전환이 일어난 것은 1990년대 말이었다. 그때 덴마크 사회민주당은 덴마크 인민당이 영향력을 얻지 못하게 막으려고 잠시 시도했으나 곧 물러서서 인종차별주의자의 표를 놓고 경쟁하기 시작했고, 결국 덴마크 인민당과 본질적으로 동일한, 노골적으로 인종차별주의적인 망명 및 이민 정책을 채택했다.[37] 사회민주당이 처음에는 이 정책을 덴마크인민당을 견제하기 위한 시도라고 정당화했지만, 결국은 사회민주당도 이슬람 혐오적으로 되어버렸고, 난민들이 이전에는 순수하고 평화로왔던 곳을 위협하고 오염시킨다는 비슷한 생각을 불러일으켰다. 오늘날 거의 모든 정당이 인종차별주의적이며, 이주민을 마찬가지로 비인간적으로 대하는 데 동의한다.

덴마크의 상황은 흥미로우며, 15년도 채 되지 않아서 파시
즘이 어떻게 상식이 될 수 있는지를 보여준다. 덴마크에서의
전개는 특히 극적이지만 서구의 많은 국가 공공영역에서 그 같
은 변형들을 볼 수 있다. '덜 악한 것the lesser evil'의 정치가 그것
이 막고 있다고 생각했던 바로 그 더 악한 것으로 서서히 변질
되고 있다.

파시즘의 얄팍함

파시즘이 21세기에 들어와 버렸다. 스펙터클의 사회에서는
인종적·내셔널리즘의 신화들이 더이상 뉘른베르크에서처럼
수천 명의 군인이 열을 맞추어 서서 총통에게 경례를 하는 대
규모 집회로 연출되지 않는다. 그 신화들은 끊임없이 쏟아지
는 트위트, 온라인 음모론, '외로운 늑대' 공격, 조롱의 퍼레이
드를 통해 전달된다. 후기 자본주의의 유아화된 공공영역은
도덕적 공황, 사회적 붕괴, 추종자로 가장한 자기 증오의 성격
을 띤다. 이것이 트럼프, 브렉시트, 레가, 덴마크인민당 등의
세계이다. 이것이 스펙터클 상품경제이다. 사회성이 동공화되

어서 바보 같은 옷차림, 배우처럼 꾸미기, 공황상태로 거의 정신을 못 차리는 상품경제다. 이것은 계급 없는 계급사회의 균열을 인종주차별주의가 다시 흘려서 거의 덮어놓은, 얇은 니스 칠한 모조품으로서의 사회이다. 새로운 파시스트들은 자신의 주체가 판매 가능한 작은 중독상태로 변형되어 버린 개인들에게 정체성을 가져다준다. 그러므로 오늘날 파시즘은 더 느슨하고 더 느긋하다. 파시즘은 고대 로마나 언어의 기원을 거론하거나 천년제국을 세우는 데 관여하지 않는다. 후기 자본주의 파시즘의 유토피아는 훨씬 덜 웅장하다. 그것은 더 단순하고 약하며 가난하기까지 하다. 파시스트들이 꿈꾸는 것은 전후 포드주의의 대중 소비주의가 전부다. 더 단순한 세상, 일종의 평준화된 단순함, 옳고 그름 및 친구와 적에 대한 확실함, 잃어버린 백금시대의 회복, 부서짐 없는 자본주의의 축적에 대한 환상으로 이루어진 이미지를 그들은 꿈꾼다.

미주

서론

1   Ernst Nolte: *Der Faschismus* in seiner Epoche. Munich: Piper, 1963; Eng. trans. as *The Three Faces of Fascism*. London: Weidenfeld & Nicolson, 1965.

2   Theodor W. Adorno와 Fredric Jameson은 후기 자본주의의 개념을 Ernest Madel에게서 가져온다. Ernest Mandel: *Late Capitalism*. London: New Left Books, 1975; Theodor W. Adorno: 'Late Capitalism or Industrial Society?', in Meja Misgeld and Nico Stehr (eds), *Modern German Sociology*. New York: Columbia University Press, 1987, pp. 232–47; Fredric Jameson: *Postmodernism, or, The Cultural Logic of Late Capitalism*. London: Verso, 1991.

3   Robert Paxton: *The Anatomy of Fascism*. New York: Alfred Knopf, 2004, p. 175.

4   잭슨은, "우리는 이미 어떤 움직임을 그 과정과 그 귀결적 관계들 외부에서 분석하려는 시도의 결함들을 논의했다. 당신은 죽은 과거를 흘낏 무채색으로 볼 뿐이다"라고 말한다. George Jackson: *Blood in My Eye*. New York: Random House, 1972, p. 135.

5   나는 따라서 파시즘을 신생 국수주의(palingenetic ultra-nationalism)로 정의하는 로저 그리핀(Roger Griffin)을 따른다. 그는 재탄생 신화가 "파시즘을 정의하는 핵심구성요소"이고 "전쟁 중의 극한 상황에서 유럽이 내셔널리즘과 인종차별주의의 어떤 변종들에게 비상한 정서적, 파괴적 힘을 부여한다"고 주장했다. Roger Griffin: *Modernism and Fascism: The Sense of*

a *Beginning under Mussolini and Hitler*. Basingstoke: Palgrave, 2007, p. 2. 그리핀이 발생적 파시즘이라는 정의를 처음 발전시켰던 것은 *The Nature of Fascism*(London: Routledge, 1996)에서였다.

6 카를 코쉬(Karl Korsch)와 발터 베냐민(Walter Benjamin) 같은 서구 마르크스주의자를 따라서 나는 파시즘의 반혁명적 차원을 강조한다. 파시즘은 사회정치적 혁명의 에너지를 차단하고 전환시켜서 혁명적 사건의 부재나 실패의 공백을 채운다. 베냐민이 썼듯이, "대중은 변화된 재산관계에 대해 **권리**가 있다. 파시즘은 이 관계들을 변하지 않게 유지함으로 대중에게 **표현**하려고 한다." 'The Work of Art in the Age of its Technological Reproducibility', in *The Work of Art in the Age of its Technological Reproducibility, and Other Writings on Media*. Cambridge, MA: Harvard University Press, p. 41.

7 장프랑수아 바야르(Jean-Francois Bayart)는 민족자유주의라는 말을 만들어내어 자유주의와 내셔널리즘이 현재의 정치-경제 질서에서 어떻게 나란히 가는지를 기술한다. 세계화와 국가주권이 불안정한 이데올로기를 구성한다. 부자를 위해서는 자유주의이고 가난한 자를 위해서는 내셔널리즘이다. *L'impasse national-liberale: globalisation et repli identitaire*. Paris: La Découverte, 2017.

8 '안정된 동물사회'라는 개념은 조르조 체사라노(Giorgio Cesarano)가 발전시킨 개념이다. Giorgio Cesarano: *Manuale di sopravvivenza*. Bari: Dedalo, 1974, p. 66. 그리고 나중에 티쿤(Tiqqun)에 의해 사용되었다. Tiqqun: *The Cybernetic Hypothesis*. Los Angeles: Semiotext(e), 2020, p. 48.

9 Jackson: *Blood in My Eye*, p. 137.

10 계급투쟁의 이 새로운 국면의 최고의 대차대조표는 '불가시적 위원회(Invisible Committee)'에 의한 책들이다. the Invisible Committee: *The Coming Insurrection*. Los Angeles: Semiotext(e), 2009; *To Our Friends*. Los Angeles: Semiotext(e), 2015; *Now*. Los Angeles: Semiotext(e), 2017.

11 발터 베냐민과 같은 비정통 마르크스주의자들은 이것을 아주 초기부터 계속 이해하여 왔으나 파시즘의 문화적 차원의 중요성을 일찍부터 보여준 것은 주로 조지 모세(George Mosse) 같은 학자들의 연구였다. Mosse: *Nazi*

Culture: Intellectual, Cultural and Social Life in the Third Reich.
New York: Schocken Books, 1966.

12 엔조 트라베르소(Enzo Traverso)의 매우 유용한 책 『The New Faces of Fascism』은 새로운 파시즘의 문화적 차원을 간과하는 경향이 있다. *The New Faces of Fascism: Populism and the Far Right.* London: Verso, 2019.

13 "우리는 지금 억눌리고 있다. 정의를 전혀 분배하지 않는 법정들과 강제수용소들이 이미 존재하고 있다. 이 나라에는 다른 모든 나라에서 합친 것보다 더 많은 비밀경찰이 있다. 아주 많아서 이들은 전체로 새로운 계급을 이루고 권력 복합체와 유착되어왔다. 억압이 바로 여기 있다." Jackson: *Blood in My Eye*, pp. 45-6.

14 느린 폭력이란 말은 롭 닉슨(Rob Nixon)의 것이다. 그는 그 용어를 이용하여 기후변화와 기타 환경재앙의 폭력성을 묘사한다. *Slow Violence and the Environmentalism of the Poor.* Cambridge, MA: Harvard University Press, 2011.

15 에메 세자르가 썼듯이,

> 그러고 나서 어느 맑은 날 부르주아지들은 엄청난 부메랑 효과에 정신이 번쩍 든다. 게슈타포는 바쁘고, 감옥은 가득 차고, 고문대 주위에 서 있는 고문관들은 발명하고, 개선하고, 논의한다. 사람들은 놀랐고, 분노하게 되었다. 그들은 말했다. "정말 이상하네! 하지만 신경 쓰지 마, 나치즘이잖아. 지나갈 거야!" 그리고 그들은 기다리고, 희망한다. 그리고 그들은 진실을 스스로에게 숨긴다. 그것이 야만이라는 것, 지극히 야만이라는 것, 모든 일상적인 야만을 요약하는 최고의 야만이라는 것을 숨긴다. 그건 나치즘이고, 맞다. 그러나 자신이 희생자가 되기 전 공범이었음을 그들은 숨긴다. 나치즘이 그들을 괴롭히기 전 그들이 나치를 용인했음을 숨긴다. 그들이 그것을 사면했고, 그것에 대해 눈감았으며, 그것을 합법화했음을 숨긴다. 왜냐하면, 그때까지 나치즘은 비유럽 민족들에게만 적용되었기 때문이었다. [그러나] 그들이 나치즘을 배양했고, 그로 인해 그들이 나치즘에 대해 책임이 있다. 그리고 나치즘은 서구 기독교 문명이라는 구성체 전체를 그 붉어진 바다에서 삼켜버리기 전에 이미 모든 균열로부터 흘러나와 스며들고 배어들었다.

Discourse on Colonialism. New York: Monthly Review Press, 2000,

p. 36.

16 Jackson: *Blood in My Eye*, p. 118.

17 Giorgio Agamben: *State of Exception*. Chicago: University of Chicago Press, 2005. 참조.

18 국경 순찰대(그리고 미국 개척에 대한 기초적 신화)에 대한 좋은 설명을 보려면 다음을 참조하라. Greg Grandin: *The End of the Myth: From the Frontier to the Border Wall in the Mind of America*. New York: Metropolitan Books, 2019.

19 Gilles Deleuze: 'Postscript on the Societies of Control', October, no. 59 (1992): 3-7.

20 Geoff Eley: 'Fascism Then and Now', in Leo Panitch and Colin Leys (eds), *Socialist Register 2016: The Politics of the Right*. London: Merlin Press, 2015, p. 93.

21 "집중적으로 상부구조적"이라는 알베르토 토스카노(Alberto Toscano)의 표현은 새로운 파시스트 국면을 분석하는 데 매우 좋은 초기 시도였다. *Toscano: 'Notes on Late Fascism',2 April 2017, www.historical materialism.org/blog/notes-late-fascism.*

1장

1 Max Horkheimer: 'The Jews and Europe', in Stephen Eric Bronner (ed.), *Critical Theory and Society: A Reader*. London: Routledge, 1989, p. 78.

2 Pierre Dardot and Christian Laval: *Never-Ending Nightmare: The Neoliberal Assault on Democracy*. London: Verso, 2019.

3 Ernest Mandel: *Long Waves of Capitalist Development: A Marxist Interpretation*. London: Verso, 1995; Robert Brenner: 'What is Good for Goldman Sachs is Good for America: The Origins of the Present Crisis', Center for Social Theory and Comparative History, 2009, https://escholarship.org/uc/item/0sg0782h; David Harvey: *A*

Brief History of Neoliberalism. Oxford: Oxford University Press, 2005; Paul Mattick Jr.: *Business as Usual: The Economic Crisis and the Failure of Capitalism*. London: Reaktion Books, 2011; Endnotes: 'Misery and Debt', *Endnotes*, no. 2 (2010): 20–51.

4 Mandel: *Long Waves of Capitalist Development*, p. 78.

5 Loren Goldner: 'The Biggest October Surprise of All: A World Capitalist Crash', 2008, http://breaktheirhaughtypower.org/the-biggest-october-surprise-of-all-a-world-capitalist-crash/.

6 Thomas Piketty: *Capital in the Twenty First Century*. Cambridge, MA: Harvard University Press, 2014.

7 Oxfam: *Time to Care: Unpaid and Underpaid Care Work and the Global Inequality Crisis*, Briefing Paper, 2020, https://oxfamilibrary.openrepository.com/bitstream/handle/10546/620928/bp-time-to-care-inequality-200120-en.pdf.

8 'Inequality: Global Facts', https://inequality.org/facts/global-inequality/. 참조.

9 Immanuel Wallerstein: *Does Capitalism Have a Future?* Oxford: Oxford University Press, 2013.

10 지속적인 시위들과 반란들에 대한 알랭 베르토(Alain Bertho)의 포괄적인 매핑을 https://berthoalain.com/documents/에서 참조하라.

11 Colin Crouch: *Post-Democracy*. London: Wiley, 2000; Chantal Mouffe: *On the Political*. London: Routledge, 2000; Jacques Ranciere: *Chronicles of Consensual Times*. London: Bloomsbury, 2010. 참조.

12 Peter Mair: *Ruling the Void: The Hollowing of Western Democracy*. London: Verso, 2013.

13 Geoff Eley: *Forging Democracy: The History of the Left in Europe, 1850–2000*. Oxford: Oxford University Press, 2002.

14 George Jackson: *Blood in My Eye*. New York: Random House, 1972, p. 174.

15 *Report of the Working Group of Experts on People of African*

Descent: Visit to United States of America, 19–29 January 2016, https://undocs.org/en/A/HRC/33/61/Ad d.2.

16 Stuart Schrader: *Badges without Borders: How Global Counterinsurgency Transformed American Policing*. Oakland: University of California Press, 2019. 참조.

17 Eyal Weizman: *Hollow Land: Israel's Architecture of Occupation*. London: Verso, 2007.

18 Jorn Vestergaard: *The Legal Framework Applicable to Combatting Terrorism: National Report*, 2012, https://curis.ku.dk/portal/files/91173827/Terrorism_legislation_National_report_J_rn_Vestergaard_Denmark_final_version.pdf.

2장

1 Theodor W. Adorno: 'Freudian Theory and the Pattern of Fascist Propaganda', in Andrew Arato and Eike Gebhardt (eds), *The Essential Frankfurt School Reader*. New York: Continuum, 1982, p. 131.

2 Samuel Farber: 'Donald Trump, Lumpen Capitalist', *Jacobin Magazine*, 19 October 2018, https://jacobinmag.com/2018/10/donald-trump-lumpen-capitalist-class-elections. 참조.

3 코로나19 팬데믹에 제대로 대응하지 못하는 와중에 대부분의 자유주의 논평자들은 2020년 선거가 트럼프에 대한 결정적 거부가 될 것이라고 믿었는데, 그렇지 않았다. 바이든은 근소한 차이로 이겼고, 트럼프는 역대 공화당 대선 후보 중 가장 많은 총득표수를 얻었다. 트럼프는 지지층을 확대했고, 2021년 1월 조지아주 결선선거가 끝난 후에야 바이든이 민주당 상원의 과반수를 박빙으로 얻을 수 있었다. 트럼프는 백인의 광범위한 지지를 받았을 뿐만 아니라 아프리카계 미국인 및 히스패닉계 유권자, 특히 남자 유권자들에게도 다가갔다. 마이크 데이비스(Mike Davis)는 바이든의 승리를 "속이 빈 승리"라고 일찍이 단번에 분석했다. Trench Warfare: Notes on the 2020 Election', *New Left Review*, no. 126 (2020): 5–32.

4   트럼프의 궤적에 대하여 그가 미디어에 보이는 성격에 초점을 맞추어 잘 분석
     한 것을 보려면, Douglas Kellner: *American Nightmare: Donald
     Trump, Media Spectacle, and Authoritarian Populism.*
     Rotterdam: Sense, 2016를 참조하라.

5   Publius Decius Mus [Michael Anton]: 'The Flight 93 Election',
     Claremont Review of Books, 5 September 2016, https://clare
     montreviewofbooks.com/digital/the-flight-93-election/.

6   1987년 9월 2일에 ≪워싱턴포스트≫, ≪뉴욕타임스≫, ≪보스턴글로브≫에
     실린 트럼프의 광고. Charlie Laderman and Brendan Simms, *Donald
     Trump: The Making of a World View*, London: I.B. Tauris, 2017, 3
     쪽에 인용됨.

7   래리 킹과의 인터뷰, CNN, 2 September 1987. *Donald Trump: The
     Making of a World View*, p. 3. 인용.

8   Theodor W. Adorno: *Aspects of the New Right-Wing Extremism.*
     Cambridge: Polity, 2020, p. 26.

9   그 연설에 대한 분석은 다음을 참조. Mikkel Bolt Rasmussen: *Trump's
     Counter-Revolution.* Winchester: Zero Books, 2018, pp. 47-69.

10   Robert Brenner: 'Escalating Plunder', *New Left Review*, no. 123
     (2020): 22.

11   Perry Anderson: *Brazil Apart, 1964-2019.* London: Verso, 2019, p.
     172. 참조.

12   헝가리에서 전개된 양상을 보려면 G. M. Tamás의 많은 좋은 글을 참조하라.
     그중 많은 것을 www.opendemocracy.net/en/author/g-m-tamas/에서
     읽을 수 있다.

13   Naomi Klein: *No is Not Enough: Defeating the New Shock
     Politics.* London: Allen Lane, 2017, p. 32.

14   Larry M. Bartels: 'Ethnic Antagonism erodes Republicans' Commit-
     ment to Democracy', *PNAS*, 15 September 2020, www.pnas.org/
     content/117/37/22752. 바르텔스(Bartels)의 조사연구에 따르면 공화당에
     투표한 사람의 50% 이상이 "전통적인 미국식 삶의 방식이 너무 빨리 사라지
     고 있어 이를 지키기 위해 무력을 사용해야 할지도 모른다"는 데 동의했고,

40%는 "애국적인 미국인들이 스스로 법을 집행해야 할 때가 올 것이다"에 동의했다. 그 나머지 사람들은 두 경우 다 잘 모르겠다고 했으며, 4~5명 중 1명만이 둘 다에 동의하지 않았다.

15 Wilhelm Reich: *The Mass Psychology of Fascism*. New York: Orgone Institute Press, 1946; Gilles Deleuze and Félix Guattari: *A Thousand Plateaus: Capitalism and Schizophrenia*. Minneapolis: University of Minnesota Press, 1987.

16 *Ibid.*, p. 214.

17 G. M. Tamás: 'Telling the Truth about Class', in Leo Panitch and Colin Leys (eds), *Socialist Register 2006: Telling the Truth*. London: Merlin Press, 2005, pp. 228–68.

18 Jacques Ellul: *Metamorphose du bourgeois*. Paris: Calmann-Lévy, 1967.

19 François Danel: R*upture dans la theorie de la revolution: textes 1965-1976*. Marseilles: Senonevero, 2008; Giorgio Cesarano and Gianni Collu: *Apocalisse e rivoluzione*. Bari: Dedalo, 1973.

20 McKinsey Global Institute: *Poorer than Their Parents? Flat or Falling Incomes in Advanced Economies*, 2016, www.mckinsey.com/featured-insights/employmentand-growth/poorer-than-their-parents-a-new-perspective-on-income-inequality.

21 Walter Benjamin: 'The Work of Art in the Age of its Technological Reproducibility', in *The Work of Art in the Age of its Technological Reproducibility, and Other Writings on Media*. Cambridge, MA: Harvard University Press, pp. 41–2.

22 Richard Seymour: *The Twittering Machine*. London: Indigo Press, 2019, p. 171.

23 Dale Beran: I*t Came from Something Awful: How a Toxic Troll Army Accidentally Memed Donald Trump into Office*. New York: All Point Books, 2019; Angela Nagle: *Kill All Normies: Online Culture Wars from 4chan to Tumblr to Trump and the Alt-Right*. Winchester: Zero Books, 2017.

24 Alex Jones: *The Obama Deception: The Mask Comes Off*. Film, Jones Productions, 2009.

25 Mike Cernovich: *The Gorilla Mindset: How to Control Your Thoughts and Emotions, Improve Your Health and Fitness, Make More Money and Live Life on Your Terms*. Audiobook, 017, www.youtube.com/watch?v=Fjh5gknoRb4.

26 Dale Beran: '4chan: The Skeleton Key to the Rise of Trump', *Medium*, 14 February 2017, https://medium. com/@DaleBeran/4chan-the-skeleton-key-to-the-riseof-trump-624e7cb798cb.

27 Jeran Wittenstein: 'What is Trump Worth to Twitter? One Analyst Estimates $2 Billion', *Bloomberg*, 17 August 2017, www.bloomberg.com/news/articles/2017-08-17/what-is-trump-worth-to-twitter-one-analyst-estimates-2-billion.

28 Sam Levin and Olivia Solon: 'Zuckerberg defends Facebook users' right to be wrong– even Holocaust deniers', *The Guardian*, 18 July 2018, www.theguardian.com/technology/2018/jul/18/zuckerberg-facebook-holocaust-deniers-censorship.

29 Alexandra Minna Stern: *Proud Boys and the White Ethnostate: How the Alt-Right is Warping the American Imagination*. Boston: Beacon Press, 2020 참조.

30 Natasha Korecki and Christopher Cadelago: 'With a Hand from Trump, the Right makes Rittenhouse a cause célebre', *Politico*, 1 September 2020, www.politico.com/news/2020/09/01/trump-rittenhousekenosha-support-407106.

31 Tommy Robinson에 대한 좋은 분석은 다음을 청취하라. 12 Rules *for What*, episode 3: 'All About Steve (Tommy Robinson)', https://soundcloud.com/12rulesforwhat/all-about-steve-tommy-robinson.

32 브레이비크의 선언문과 테러 공격에 대한 분석을 보려면 다음을 참조. Mattias Gardell: 'Crusader Dreams: Oslo 22/7, Islamophobia, and the Quest for a Monocultural Europe', *Terrorism and Political*

Violence, 26/1 (2014): 129–55.

33 Klaus Theweleit: *Male Fantasies*, vols I–II. Cambridge: Polity, 1987, 1989.

34 Guy Debord: *The Society of the Spectacle*. New York: Zone Books, 1995.

35 Guy Debord: *Comments on the Society of the Spectacle*. London: Verso, 1990, pp. 12–13.

36 John Berger and Jean Mohr: *A Seventh Man*. London: Verso, 2010.

37 Mikkel Bolt Rasmussen: 'On the Turn towards Liberal State Racism in Denmark', *e-flux journal*, no. 22 (2011), www.e-flux.com/journal/22/67762/onthe-turn-towards-liberal-state-racism-in-denmark/.

지은이
미켈 볼트 라스무센(Mikkel Bolt Rasmussen)

코펜하겐 대학교의 예술과 문화연구 부분의 '성치 니학' 교수이며, 이방 가르드 시대의 정치와 역사 및 현대 예술과 혁명 전통의 정치학을 연구하는 예술 사가이자 이론가이다. 덴마크어로 쓴 저서가 7권이고 영어로는 이 책 포함 여섯 권이다. 영어저서는 다음과 같다. *Crisis to Insurrection: Notes on the ongoing collapse*(2014), *Playmates and Playboys at a Higher Level: J. V. Martin and the Situationist International*(2015), *Hegel after Occupy*(2018), *After the Great Refusal: Essays on Contemporary Art, Its Contradictions and Difficulties*(2018), *Trump's Counter-Revolution*(2018). 공동 편집한 책은 덴마크어로 7권, 영어로는 3권 있으며, 학술지 게재논문의 목록도 길다.

옮긴이
김시원

이화여자대학교에서 문학박사 학위를 받았다. 번역서로는,『쉽고 간결한 학교상담(Brief Counselling in Schools)』(공역, 2019),『코칭심리학: 실천 지침(Coaching Psychology)』(공역, 2017),『청소년 상담: 청소년을 위한 선행주도 접근방법(Counselling Adolescents)』(2015),『성폭력과 힘의 악용: 목회상담적 성찰(The Abuse of Power)』(공역, 2015), 그리고 파울로 프레이리와 아이라 쇼어의 대담집을 번역한『해방을 꿈꾸는 교육(The Pedagogy for Liberation)』(1988)이 있다.

한울아카데미 2546

후기 자본주의 파시즘

지은이 미켈 볼트 라스무센 지음
옮긴이 김시원
펴낸이 김종수
펴낸곳 한울엠플러스(주)
편집 조수임

초판 1쇄 인쇄 2024년 10월 15일
초판 1쇄 발행 2024년 11월 15일

주소 10881 경기도 파주시 광인사길 153 한울시소빌딩 3층
전화 031-955-0655
팩스 031-955-0656
홈페이지 www.hanulmplus.kr
등록번호 제406-2015-000143호

Printed in Korea.
ISBN 978-89-460-7546-7 93300

※ 책값은 겉표지에 표시되어 있습니다.